苏东坡传

周丽霞　编著

国文出版社
·北京·

图书在版编目（CIP）数据

苏东坡传 / 周丽霞编著. -- 北京 ：国文出版社，2025. -- ISBN 978-7-5125-1831-5

Ⅰ．K825.6

中国国家版本馆CIP数据核字第2024KL1949号

苏东坡传

编　　著	周丽霞
责任编辑	苗　雨
统筹监制	杨　智
责任校对	周　琼
出版发行	国文出版社
经　　销	国文润华文化传媒（北京）有限责任公司
印　　刷	文畅阁印刷有限公司
开　　本	880毫米×1230毫米　　32开
	6.5印张　　　　　　　143千字
版　　次	2025年3月第1版
	2025年3月第1次印刷
书　　号	ISBN 978-7-5125-1831-5
定　　价	59.80元

国文出版社
北京市朝阳区东土城路乙9号　　　邮编：100013
总编室：（010）64270995　　　传真：（010）64270995
销售热线：（010）64271187
传真：（010）64271187-800
E-mail：icpc@95777.sina.net

苏东坡(1037—1101年),名轼,字子瞻,号东坡居士。北宋文学家、书画家。眉州眉山(今四川眉山)人。宋仁宗嘉祐(1056—1063年)进士。与父苏洵、弟苏辙合称"三苏"。

在宋神宗时曾任祠部员外郎,因反对王安石新法而求外职,任杭州通判,知密州、徐州、湖州。后以作诗"谤讪朝廷"罪贬谪黄州。在宋哲宗时任翰林学士,曾出知杭州、颍州等,官至礼部尚书。后又贬谪惠州、儋州。北还后第二年病死于常州。总之,在政治上属于旧党,但也有改革弊政的要求。

为文汪洋恣肆、明白畅达,为"唐宋八大家"之一。其诗清新豪健,善用夸张比喻,在艺术表现方面独具风格;在诗方面,与黄庭坚并称"苏黄"。其词开豪放一派,对后代很有影响,如《念奴娇·赤壁怀古》等传诵甚广;在词方面,与辛弃疾并称"苏辛"。擅长行书、楷书,取法李邕、颜真卿等,而能自创新意,用笔丰腴跌宕,有天真烂漫之趣;在书法方面,与蔡襄、黄庭坚、米芾并称"宋四家"。

论画主张"神似",高度评价"诗中有画,画中有诗"的艺术造诣。

目 录

第一章 少年有志

母亲的苦心教育 …………………………… 003

父亲引导科考之路 ………………………… 009

一举成名,行事低调 ……………………… 011

第二章 初入仕途

初入仕途,意气风发 ……………………… 021

脚踏实地,为民解忧 ……………………… 024

妻丧父亡,扶柩还乡 ……………………… 028

议论新法,秉忠直言 ……………………… 031

第三章 名动天下

通判杭州,逆境有德 ……………………… 043

寄情山水,心胸豁达 ……………………… 050

能文能武,名动天下 ……………………… 060

抗击洪水,身先士卒 ……………………… 067

第四章 诗案遭贬

乌台诗案,沉着应对 …………………… 081

被贬黄州,逆境乐观 …………………… 089

田园耕作,取号"东坡" ………………… 094

游山玩水,写《赤壁赋》………………… 098

身处江湖,心忧天下 …………………… 106

昔日政敌,握手言欢 …………………… 109

第五章 重回京城

位高权重,淡然处之 …………………… 125

太后爱才,苏轼感恩 …………………… 139

大兴德政,造福杭州 …………………… 143

再次离朝,造福颍州 …………………… 156

扬州、定州,文武并重 ………………… 160

第六章 晚年漂泊

被贬惠州,不忘利民 …………………… 171

爱妾去世,痛失知己 …………………… 182

被贬海南,坦然以对 …………………… 186

北返常州,溘然长逝 …………………… 193

坡翁笠屐圖 餘伯寫

第一章 少年有志

第一章 | 少年有志

母亲的苦心教育

在四川的眉山附近,有佛教圣地峨眉仙山,有雄伟壮观的乐山大佛,还有浩荡长江的支流岷江滚滚而过。那里自古山川秀丽,人杰地灵,孕育了一个个传奇的人物。

在北宋的眉山镇,有位苏姓的青年叫苏洵。他少时不喜好读书,由于父亲健在,没有养家之累,因此在青少年时期游历了不少地方,很有眼界和胆识。他有点儿以抑强扶弱为己任的抱负,有些侠肝义胆,好打抱不平,在乡里有一定影响。

苏洵的父亲名叫苏序,是个在地方上有名的小财主,还是一个豪爽慷慨、很风趣的怪老头。苏序体格健壮,喜欢喝酒,爱打抱不平。

当时,眉州有一尊神叫茅将军,据说非常灵验。有一年,眉州一带闹饥荒,饥民们备下一份祭品到将军庙里上供祭奠,请求茅将军显显神通,拯救地方百姓。可是,无论人们怎样祈求,茅将军始终无动于衷。

苏序知道这件事情后,非常生气。在一次酒后,他带领20多人闯进茅将军庙,把茅将军的神像砸得粉碎,并且扔到了河里。回家后,他把积存多年的4000石稻谷拿出来赈济灾民,因此很受当地百姓的爱戴。

苏序不像一般不学无术的财主那样,他喜欢收藏典籍、名家书法等,颇有学识和涵养。由于五代时的战乱,四川读书求学的人很少,又安于住在家里,都不愿意出去做官。而苏序教子读书求学,参加科举,这在当地是非常有名的。

苏序为了督促儿子读书成才,已经步入晚年的他,还在坚持学习。他的这一明智之举,为后代树立了典范,并开辟了广阔的人生之路。

真宗大中祥符九年(1016年),受父亲潜移默化的影响,苏洵立志开始好好读书,学习断句和诗文等,但是进步不大,大有放弃读书习文之念。仁宗天圣六年(1028年),年仅19岁的苏洵与眉山大理寺丞程文应的女儿程氏结婚,程氏时年18岁。此时年少轻狂的苏洵尚未发奋读书,终日嬉游,好似不知有生死之悲。就在这年,程夫人生了一个女儿,但未满1岁就夭亡了。苏洵深深地感觉到失去爱女之痛。

天圣八年(1030年),已经21岁的苏洵游历成都,在重九日到玉局观看见青城山张仙师的画像,就用身佩的玉环换回张仙师画像,把它悬挂于家中,每日早起,焚香祷告,祈求得子。就在这年冬天,程夫人为苏洵生得长子,并取名叫景先。

仁宗明道二年(1033年),程夫人为苏洵生得次女。已经是两个孩子父亲的苏洵变得成熟多了,他开始知道读书的好处了。

仁宗景祐二年(1035年),程夫人又生得幼女。此时的苏洵立下雄心壮志,开始发奋读书。景祐三年十二月十九日(1037年1月8日),当苏洵在家继续发奋读书时,程夫人生下了次子。苏洵夫妇非常高兴,为这个孩子取名叫苏轼。

景祐(1034—1038年)初年,苏洵年仅4岁的长子景先夭亡了,这对他打击很大。幸好还有次子苏轼,次子变长子,苏洵把满腔希望都寄托在苏轼身上。

苏轼的母亲程氏是个世家女子,知书达理。由于丈夫常年不着家,对小苏轼的教育任务便落到了她的身上。苏轼上面有一个姐姐,下面有一个弟弟。弟弟比他小3岁,名叫苏辙。

苏轼的姐姐虽然认得字,但那时女孩子的主要任务是学针线,读书只是业余爱好。所以,程氏把大部分精力花在教苏轼和苏辙读书上了。

程氏对兄弟俩要求很严,主要教他们读史书。不仅要求他们会背会讲,还得把文章一笔一画地抄下来。所以,兄弟俩从小便打下了坚实的基础。

苏轼有位伯父叫苏涣,他在父亲苏序的影响下,努力求学,并在24岁时(1024年)进士及第,这在眉山产生了很大的影响。后来,苏轼在《谢范舍人书》中谈到:"天圣年间,我的伯父进士及第,得官回乡,乡里的人都赞叹不已,观看的人塞住了道路。"

当时,苏轼暗想:"将来我也要像伯父一样,考取进士,光耀家门。"可见伯父的科举中第,对苏轼青年时代的立志苦学是一个很大的鞭策。

苏轼6岁时进学堂,因为聪明伶俐,他经常受到老师的表扬。眉山有个著名的乡塾,在天庆观北极院,在那里读书的学童有好几百人。先生是一位道士,名叫张易简。苏轼7岁那年去那里读书,读了3年。他勤学好问,关心世事,深受道士先生的赏识。

有一天,有一位读书人从京城汴京(今河南开封)来到天庆观,拿出当时文学家石介所作的《庆历圣德颂》给道士先生看。诗中颂扬了当时的11位大臣,其中有范仲淹、欧阳修等贤良之士。他们不仅在诗文方面闻名一时,而且在政治上都主张革新朝政。

年幼的苏轼在一旁观看,默默记住了诗中的词句。但是他对这11个人的来历却一点儿都不了解,便好奇地请教先生:"他们究竟是些什么人呢?"

先生说:"你一个小孩子,何必知道这些!"

苏轼说:"难道他们都是些天上的人吗?如果是那样,我就不用知道了。如果他们也是地上的人,我怎么不可以知道呢?"

先生见小苏轼出言不凡,心中暗自称奇,非常高兴。于是告诉他,诗中写的范仲淹、欧阳修、富弼、韩琦等人都是人中的豪杰,是当时政坛上的革新派。

苏轼听罢,对政治革新问题虽不甚懂得,却对这些贤良之士和国家栋梁敬佩不已。可见,苏轼从小就志向不凡。

在读书之余,苏轼的母亲程氏经常给苏轼讲古往今来成败兴衰的历史故事。有一次,程氏教他《后汉书》中的《范滂传》,苏轼听了非常伤感,当场就哭了。

范滂是东汉的一位青年文人。当时政权落入宦官手中,以致官场贪污、贿赂、敛财和滥捕的现象盛行,正直忠贞的学者们一再进谏,却因地方官员都是宦官的门人和党羽,招来一再的迫害。

后来,许多文人被杀害了,范滂就是其中之一。范滂临死前与母亲诀别,他的母亲深明大义,范滂从容赴死,年仅31岁。

苏轼就对母亲说:"如果我做范滂,母亲能允许吗?"

母亲说:"你能够做范滂,我难道不能做范滂母亲吗?"

从简短的对话中,苏轼的志向与苏轼母亲的正直可见一斑。可见,苏母对苏轼积极人生观和进取精神的确立,起到了重要的引导作用。她的某些家教观点,甚至影响了苏轼的一生。比如,为了不让苏轼兄弟二人沾染上一般富家子弟极易滋生的骄奢怠惰的坏习气,程氏不允许他们沉溺于舒适的生活环境之中。

第一章 | 少年有志

据说，苏轼、苏辙小的时候，有一段时间只靠"三白"度日。所谓"三白"，即一撮盐、一碟生萝卜、一碗饭。

后来，苏轼中年谪居黄州（今湖北黄冈），生活上遭受极度困难都能忍受；晚年被流放海南，在路途中能食用粗粝的胡饼（馕），显然得益于母亲程氏早年的家庭教育。

苏轼家周围的山冈上长有茂密的树林，他常与弟弟苏辙登山涉水。家乡的山林、泉石、溪水、野花、杂草旁，都留下了兄弟俩流连的身影。

有时候，苏轼和表弟程六像小黄牛一样，满山遍野地打闹嬉戏；有时候，他骑坐在老牛背上，边放牧，边安静入神地读书。嬉戏之余，他还种植松树，月月种，年年种。

苏轼家祖坟周围后来有近万株松树，许多都是他少儿时代亲手栽种的。成年后，他写诗回忆道：

老翁山下玉渊回，手植青松三万栽。

因此，苏轼还以种松而闻名，许多人特地向他请教种松之法。另外，苏轼和弟弟在书房前的庭院里种满了青松翠竹等花草树木。暮春时节，庭院中桐花怒放，满院充溢着浓浓的馨香。

少年苏轼在家乡对于农业生产劳动也有所了解和体验，对农业生产的季节性、各种农作物的生长情况都十分熟悉。他后来在中年谪居黄州后，由于生活拮据，决定开垦城东的一块坡地耕种以补贴家用，少年时的劳动经验就派上了用场。

苏轼从政以后，十分注意关心劳动人民，重视农业生产，并且赋诗热心推广一种能蹲坐着插秧的"秧马"，以求减轻农民的劳动负担，这也与他少年时代的劳动经验密不可分。

此外，苏轼家乡的许多风俗习惯，给少年苏轼以深刻的影响。每到春天，人们都外出踏青游乐。他和弟弟总是迎着暖暖的春风行走在田间小路上，看到熙熙攘攘的游人高高兴兴地迎接新春。口渴了，人们就在路旁田埂间坐下来饮水。初春麦苗很短，不怕人踩马踏。久居城里的人，都爱来到郊野踏春，感到格外新鲜。

每年二月十五这天，苏轼与伙伴们一同去参观热闹非凡的蚕市。他看到有两种蜀人，一种是辛苦的劳作者，一种是游手好闲的享乐者。

由于从小就目睹这一幕幕景象，苏轼从政后就有勤政爱民的思想，这一点成为他后来政治生涯的重要标志。对待农民的同情态度，是苏轼政治生涯的最基本倾向，也是他在少年时代奠定的思想基础。

苏轼小的时候，志趣爱好十分广泛，除去读书和习作之外，他还练习弹琴、下棋、写字、绘画等。特别是在书法、绘画方面，他取得了很大的进步。这表明苏轼不是一个死读书的人。

在少年时代，苏轼喜欢钻研唐代著名书法家颜真卿的书法，曾一度达到如痴如醉的地步。后来，他曾在眉山城西栖云寺的石崖上题写了"連鰲山"（连鳌山）三个大字。这三个字大如屋宇，雄劲不凡。一时间，苏轼文名远扬。

第一章 | 少年有志

父亲引导科考之路

在苏轼10岁的时候,他的父亲苏洵满身风尘一身疲惫地回到家里。面对贤良的妻子和聪明懂事的孩子,苏洵心里羞愧万分。从此,这位父亲决定打起精神,重整门庭,专心教导孩子们读书。在父亲的指导下,从11岁起,苏轼开始大量阅读经书、史书和文选,为进京赶考做准备。

苏洵按照传统的方法教育儿子,经常让苏轼兄弟二人背诵古文给他听。他经常半躺在一张竹椅上,眯着眼睛静心地听两个孩子背书。孩子们一背错,他立刻就能听出来。

苏洵还将自己多年游历和读书的心得说出来,与孩子们讨论。在当时,朝野上下,写文章的风气很不好,只是追求文采藻饰,却不顾及思想情感的真实表达。苏洵很不屑这样,他教孩子们学散体文,关心时事,并告诫他们写文章要能"言必中当世之过"。这种务实的学习态度,恰好契合了多年以后朝廷科举取士的标准。

在当时,朝廷规定,士子要想获得参加进士考试的资格,必须到州学读一年书。于是,苏洵将苏轼和苏辙送进了眉山城西的寿昌书院州学,在刘微之那里读书。

刘微之是当时眉州寿昌书院的一位名师,该书院有100多名学生,这在当时可算是相当大的学校了。州学里的老师和同学互相称呼的是字而不是名,苏洵便想着要给苏轼哥俩的名分别配上字。

这一天,苏洵琢磨了老半天,郑重地题下了他们的字:

轼，字子瞻；辙，字子由。

后来，苏洵还写过一篇散文回忆当初给孩子起名的理由，这就是《名二子说》，其中解释道：

轼（车子前面的一根横木，乘车的人可以扶着这根横木往前看，同时它被视作车子的装饰品）没什么实际用途；至于辙（车子驶过的痕迹），车子运载的功劳，或车子翻倒的过失，都和它没什么关系。

可见，做父亲的苏洵本来的意思是怕大儿子的才华太过张扬，所以取名"轼"；认为小儿子思虑周全，令人放心，所以取名"辙"。后来，苏轼的才华横溢，个性比较张扬，而苏辙的性情则比较内敛，兄弟俩的表现都验证了父亲的判断。

苏轼和弟弟苏辙一同在眉州寿昌书院上学，十分快活。苏轼是一个思想活跃、爱发问的孩子，刘微之非常喜欢他。有一次，刘微之作了一首《鹭鸶》诗，念给学生们赏析。诗的最后两句是：

渔人忽惊起，雪片逐风斜。

这句诗的意思是，当打鱼的人猛然间被惊醒的时候，雪片正在随风斜着飘舞。同学们听了，都说刘先生写得好。

可是，苏轼听了以后，站起来说："先生的诗好是好。但我觉得最后两句没有归宿，不如改作'渔人忽惊起，雪片落蒹葭'。"

刘微之听后，大为赞赏。从此，刘微之特意培养苏轼，教他读当时的名家欧阳修、范仲淹等人的文章。这些文章使苏轼大开眼界,他的学业也有了长足的进步。

苏轼兄弟俩一年年长大,父母认为他们的学识和年龄都适合进京赶考了。于是,为兄弟二人办理了婚事。

苏轼成亲时18岁,妻子王弗刚刚15岁,她是四川青神人,家在眉州南边。苏辙比苏轼晚一年结婚,这一年他才16岁。婚后,在父亲苏洵的引导下,苏轼兄弟俩随父亲一道进京游学备考了。

在那个时候,早婚相对比较普遍,但有比苏轼兄弟结婚晚的。他们二人如此早结婚,是有原因的。

在当时,京城中的富豪之家经常会向金榜题名的未婚进士提亲。如果不答应,就有可能惹下麻烦。如果答应,那提婚的富家小姐究竟长什么模样或品性如何都不知道,两人是否能合得来就很难说了。

即使那提婚的小姐是位窈窕淑女或品性很好,男方家的父母也会认为,娶个外乡人总是不如娶家乡的姑娘好。所以,那些条件好的、比较有把握的考生,往往都在未考中之前就先结婚了。

一举成名,行事低调

仁宗嘉祐元年(1056年),47岁的苏洵带着20岁的苏轼和17岁的苏辙,从陆路经益州(今四川成都),越剑门,过陕西,入河南,到当时的汴京去参加科举考试。

父子三人路过成都的时候,拜会成都太守张方平。在当

时，张方平在四川为了笼络蜀地的士大夫，广求贤才，以便推行他的政策法令。

张方平一见到苏轼，就感觉他气质非凡。他看了苏轼的文章，感到很惊奇。春秋时期左丘明《国语》的精辟，西汉史学家司马迁的白描，西汉著名政论家贾谊擅长的方略，在苏轼的文章中都兼而有之。

为了进一步检验苏轼的才能，张方平出了6道试题，派人送给苏轼和苏辙，并说："请你们二位试作。"

这是一次模拟的科举考试。古代科举考试的作文题都出自古代典籍，学生必须先知道题目出自什么书籍，才能作文。张方平藏在夹墙后面观看，只见两人各自沉思，气度不凡。

苏辙看到第一题，不能确定出处，就指给苏轼看，苏轼倒过笔来敲敲桌子，意思是《管子注》。苏辙仍感犹疑，又指第二题，苏轼没有说话，用笔划去第二题，就写起文章来。

文章写成后，兄弟俩呈给张方平审阅。张方平看了文章后，更加高兴。原来第二题并无出处，是他虚构出来的。

于是，张方平说："这两个孩子都是人才。兄长尤其聪明可爱，才气卓越。"张方平的话给了苏轼很大的鼓励。

苏洵从自己写的文章中选出《心术》《远虑》等22篇，张方平读了他的文章，对苏洵非常欣赏，立即表示愿意留他在成都担任州学教席。

苏洵的目的不是为了谋个书院教席的位置，于是他婉转地说明了自己的意愿。张方平觉得把他留下来是大材小用，便写了一封长信，把他推荐给京都大学者欧阳修。

五月间，父子三人抵达京城，借宿在一座佛寺里，等待秋天的考期。当时的考试分三次进行，第一次是解试，解试得中的人，参加第二年春天的省试。省试通过，再参加殿试。殿试得中,便可由平民百姓一跃而成为官吏。

苏轼苏辙兄弟,很顺利地通过了开封府解试。一时间,父子三人无事可做,就在京城里参观游览,与京城名流交往。苏洵也把自己的文章给欧阳修看。

欧阳修读了苏洵的文章,很为欣赏,特地把他介绍给枢密使韩琦,还引荐给其他官员。不过,苏洵不善于应酬,无论到哪里,看起来都是冷冷淡淡的,所以没有给人留下好的印象。

在京城住了几个月之后,嘉祐二年(1057年)春天,苏轼兄弟俩参加了省试,主考官是欧阳修。

当时,朝廷有一套严防贿赂或徇私的制度:

第一,应考人必须半夜起床,天亮就到考场,自备冷饭干粮。考试的时候,他们分别被关在隔开的小屋里,有专人看守,要到考完才能出来。

第二,应考人的试卷都由书记重抄一遍,再交给考官,以免主考官看出笔迹。重抄的卷子不写姓名,另记在档案里。

第三,考官不准和外面的人接触,通常从一月底到三月初,把试卷批好呈给皇帝看。

当时科举应试的文章中,割裂文辞、追求怪异风格的流弊占了上风,主考官欧阳修正思考用怎样的方法来挽救文风,看到苏轼写的《刑赏忠厚论》,十分惊喜,想把这位考生选为第一名,可他怀疑这文章是自己的门生曾巩写的,为了避嫌,他把文章放在第二名。后来,苏轼又凭《春秋》对策得中第一,殿试中了乙科。

嘉祐二年(1057年)四月十四日,年方21岁的苏轼被点

为进士。这次考试共录取了380人,苏轼的弟弟苏辙也考中了,并且名列前茅。

按照惯例,考试结束后,苏轼写了名帖去拜见欧阳修,感激他的知遇之恩。欧阳修对同事梅尧臣说:"读了苏轼的信,我欢喜至极,我看我可以退隐了,以便给这个青年人出人头地的机会。"

要知道,欧阳修是当时的文坛权威,他的一句褒贬就可以造就或毁灭一个读书人。欧阳修这句话一出,京师一片哗然,大多数人都表示不服。不过,慢慢地,他们都信服了。

据说,欧阳修还曾对儿子说过:"记住我的话,30年后没有人会再谈起我了。"后来,他的这个预言果然不幸言中,苏轼死后10年没有人提欧阳修,人人都在谈论苏轼,偷读他被禁的作品。

会见之后,欧阳修又介绍苏轼去拜见宰相文彦博、富弼等人。欧阳修作为一位前辈,对年轻人的奖掖提拔不遗余力,多次宣扬这个年轻人的文才。

在这样强有力的举荐下,文坛和仕途都开始接纳苏轼兄弟,京城的显贵名臣都乐于和他们结交。一时间,苏轼沉浸在无限喜悦中。

就在这个时候,苏轼兄弟接到了母亲去世的消息,这样一来,他们必须回家守丧。古代的官制里有一种制度叫作"丁忧"。所谓丁忧,是指官员的直系长辈去世以后,他必须暂时辞去官职,在家守孝三年,才能再出来做官,哪怕是当朝宰相,都不能例外。

苏轼的姐姐几年前就去世了,家里的男人都出去应考,程氏和两个儿媳妇留在家中,她临死前还没有听到京师的好消息。

待父子三人匆匆赶回四川老家,看到的是一派破败荒凉的景象。父子三人虽然离家只有一年多,但由于家中没有成年男子支撑,加上程氏一直卧病,有些屋舍都倒塌了,围墙也破败不堪,就像逃亡的人家一样。

　　苏洵父子怀着悲痛的心情,将程氏安葬在彭山县安镇乡可龙里老翁泉旁边。后来,苏洵及苏轼的妻子王弗等人去世后也都葬在这里,这里就是人们常说的苏坟。

　　苏轼在眉山老家守孝期间,镇守成都的是龙图阁学士王素。苏轼曾去拜访他,并写了《上知府王龙图书》。在书信中,苏轼提出蓄兵、赋民等问题,表现了他对民间疾苦的关心。

　　苏轼对王素说,成都百姓对他抱了很大的希望,如果他能够体察民情、体谅民心,治理好成都,使百姓安居乐业,成都百姓一定会对他感恩不尽。

　　此外,苏轼经常往来于眉山、青神之间,拜亲访友。青神是一个十分美丽的地方,那里有清溪深池,山岭上还有佛寺,苏轼经常同岳父家的亲戚、朋友一起去游玩。

　　这期间,苏轼遇见了小时候的好友宋君用。宋君用家里原来很有钱,他便慷慨大方,挥金如土。后来,家产很快被他挥霍光,他过着饥寒交迫的生活。苏轼劝宋君用不要沉沦下去,不妨考虑到京城谋出路。他写诗勉励宋君用说:"溪鱼受困都知道远游大海,更何况你这样的豪士呢?"

　　嘉祐四年(1059年)十一月,苏轼兄弟俩服丧期满,苏洵又带着他们兄弟及两个儿媳妇一同入京。这次进京和前一次自然不同,父子三人已是文名大振,前途一片光明,于是决定全家迁往京城。

　　他们乘船沿岷江、长江而下,出三峡,从江陵登陆北上,于第二年二月到达京城。

一路上，他们饱览了长江三峡的壮丽景色，以及沿途秀美的山川、旖旎的风光，还参观了许多名胜古迹，凭吊了屈原塔、昭君村。

在途经湖北襄阳时，他们还去拜谒了诸葛亮的故居隆中。一路上，父子三人写了很多诗文，到京城后汇集成《南行集》。

苏轼在《南行前集叙》中强调，文贵自然，不要为作文而作文，一定要到胸中有话，不吐不快，即到了"不能自已"的程度，才能写出好文章。

到了京城之后，他们买了一栋房子。房子附近有花园，周围有高大的老槐树和柳树，十分幽静，特别适合文人雅士居住。一切安顿好之后，父子三人便恭候朝廷的任命了。

不久，苏轼被任命为河南福昌（今洛阳市宜阳县）主簿。主簿是帮助知县处理文书、办理具体事务的九品官。按理说，苏轼算是踏入仕途了，是值得庆幸的事情。但是，苏轼上表谢辞了，没有去上任。欧阳修觉得很奇怪，便问苏轼为什么不去赴任。苏轼说：

我伯父苏涣曾经教导我，做官就像作文一样，得到题目后，要考虑成熟后下笔，这样才能写出好文章。现在蒙皇上大恩，授予我主簿的职位。这个职位官职小，事务杂，难度很大，我觉得无从下手，难以施展，所以推辞了。

这表明，苏轼年轻的时候做事就很稳重，知道自己的长处和短处。我们做事要选自己能做，并能做好的事做，这样才能稳步发展。

欧阳修赞叹道："好，有志气。那我推荐你参加秘阁的制科考试如何?"苏轼十分高兴,赶紧拜谢了欧阳修。

不久,苏轼兄弟俩通过了两次考试,一次考京师各部的任务,另一次更重要,即制策考试,需要公开评议朝政。两兄弟在欧阳修的推荐下报了名,通过了考试,苏轼的制策被列入三等。

要知道,从宋初以来,制策能列入三等的只有两人,苏轼是其一,另一个人是吴育。仁宗看过苏轼的文章后,回到后宫,高兴地对皇后说:"我今天为子孙找到了两个做宰相的人才。"

仁宗这样说,不是没有原因的。当时,欧阳修老了,韩琦老了,范仲淹已经过世,正所谓青黄不接,朝中无人。但是,终其一生,苏轼都没有做过宰相,他大部分的从政热情都被激烈的党争消耗殆尽。当然,这都是后话,这里暂且不表。

第二章 初入仕途

坡翁笠屐圖 餘和寫

第二章 初入仕途

初入仕途，意气风发

嘉祐六年(1061年)十二月,苏轼被任命为大理评事,签书凤翔府(今陕西凤翔)判官。大理评事是掌管刑狱的京官,签书判官是州府幕职,掌管文书,佐助州官。这是以京官身份去州府任签判,比起前次所授的河南宜阳县主簿来,职位明显提升了,苏轼感到很满意。

很快就到了离开京城的日子。苏轼准备携带家眷赴任,弟弟苏辙和弟媳则留在开封侍奉老父。辞行那天,弟弟苏辙亲自为兄嫂送行。

兄弟俩自小一起长大,从来没有分开过,他们的感情特别好。如今第一次分开,两人自然难舍难分。苏辙将兄嫂一直送到开封城40多里外,几个人才依依惜别。

去凤翔的这条路,苏轼很熟悉,他数年前进京应考走过一回,后赴川奔丧又走过一回。不过,前两回都急着赶路,没有来得及观赏沿途的风景。这次不同了,他边走边欣赏沿途风光,还顺路拜访了一个朋友。

途经京兆,即后来西安的时候,苏轼被好友刘敞留住痛饮了几日,并且参观了骊山胜景。骊山在历史上有很多故事:

>骊山在京兆的东面,远在西周时,那里就是一个游乐的地方。当年,那里常受犬戎族骚扰,周王朝便在山顶建了一个烽火台,一旦有了战争,就将烽火台上的烽火点起来,四方诸侯见烽火台起火,便领兵前来救助。

话说周幽王在位的时候,宠爱一个叫褒姒的妃子。她生性不爱笑,周幽王为了逗她笑,下令将烽火台点燃,引得四方诸侯披挂前来。大家近前一看,原是周幽王和褒姒逗乐儿。

褒姒倒是被逗笑了,不过以后犬戎族兵真的打来时,周幽王再点烽火就不灵了,诸侯们谁也不发一兵一卒。结果,周幽王被杀死在骊山。

周平王继位后,不得不把国都东迁到今日的河南洛阳,从此,周王朝名存实亡,历史进入春秋战国时期。

等秦始皇统一六国后,又在那里修了一座阿房宫,一直向西延伸到百里外的咸阳,后来阿房宫被项羽烧掉了。

到了唐朝,唐玄宗在骊山上为他的妃子杨玉环修了一座华清池。安史之乱时,杨玉环死于兵变之中。

在骊山上发生的一件件历史往事,引起了苏轼无限的感慨,为此,他写了《骊山三绝句》,抒发自己对变乱兴衰的感慨。

这年十二月十四日,苏轼一家风尘仆仆赶到凤翔府任所。到任之后,苏轼在衙署附近盖了一座带有花园的小房子。他安好家,调整好心情,便开始接手管地方上的一些事务。

签判的主要任务是主管政府机关里各类文书往来,平常没什么大事。太守宋选十分喜欢这位年轻的副手,就像对待自己的子侄一般温厚。

凤翔府位于今陕西中部偏北,在渭河北岸,当时与西夏邻接,是北宋西北的军事要地,战略位置十分重要。北宋从立朝的那一天起,西北大部的边境线就面临着辽和西夏的严重威胁,零星冲突一直不断。

苏轼来到凤翔后,更深刻地体会到了边境的战乱给当地百姓带来的疾苦。这使他感到,对于辽和西夏的侵扰,朝廷必须奉行坚决抵抗政策,否则,边境百姓就无法安宁。

当时,契丹和西夏的军队战斗力虽强,但人数不多;宋朝军队的战斗力虽然赶不上他们,但人数是他们的几倍。根据这一实际情况,苏轼主张把军队分成若干路,轮流和敌方作战,这一路撤下来,那一路冲上去,使对方没有喘息机会,这样就可制服对方。

在凤翔,苏轼非常关心百姓疾苦。他常常在公务之余,走到百姓生活中,帮助人民解决困难。

有一年夏季,渭河河水暴涨。苏轼带着几个人沿着渭河察看汛情,远远就听到非常悲哀的哭泣声。他们连忙赶过去,原来是几个身披重孝的妇女带着几个孩子跪在河边痛哭。

苏轼问起缘由,这些女人的丈夫都是给官府砍伐、运送竹木的。他们每年在终南山上砍下竹子、木材,将这些竹木编成竹筏、木排,由渭河、黄河通过水运送到京城。

官府硬性规定百姓在洪水暴涨的季节运送竹木,竹筏、木排要经过黄河三门峡这样的险滩,不知有多少服劳役的人为此葬身鱼腹之中。这几个妇女的丈夫,就是一个多月以前运送竹筏、木排的,再也没回来。

苏轼听后非常内疚,他命差人给几个妇人家送去一些救济粮米,随后就急急忙忙地回到衙署,向太守反映这个情况。苏轼作为百姓的衣食父母,关心群众的疾苦,是很好的榜样。我们要关心弱势群体,帮助他们,这样才能使社会更加和谐。

宋太守说,他曾就这件事向朝廷上书陈述,可是朝廷说,必须以国家大事为重,最后不了了之。苏轼没有得到一个满意的解决方案,决心自己想办法帮助这些运送竹木的百姓。

随后，苏轼仔细察看了渭河的水情。他发现，官署硬性规定劳役必须在多雨季节运送竹木，是因为这时候水势大，竹筏、木排运得快，且运量大。但百姓在河水暴涨时运送竹木冒着很大的危险，每年有很多人为此丧命。

考察完后，苏轼认为，完全可以在水势小的时候运送，尽管会耽误些时间，但总比让百姓家破人亡要好。

于是，苏轼立即给当朝宰相韩琦上书，详细陈述了这些情况。他指出，主管官吏既不做调查，又不体恤民情，只是关在屋子里想着洪水暴涨时运送竹木最为方便，其实恰恰事与愿违，导致事故频频发生。这样不仅损失了不少竹木，而且对百姓危害深重，真是劳民伤财，于官于民都没有好处。最后，他提出，应该让服劳役的百姓自己选择运送时间，以避免事故的发生。

韩琦接到苏轼的奏折后，认为言之有理，当即奏明朝廷，修改了有关法令，让百姓自己选择运送竹木的时间，加强安全保护措施。法令一颁布，百姓奔走相告，欢呼雀跃，苏轼在当地百姓中的威望陡然升高。

脚踏实地，为民解忧

凤翔一带的自然条件很差，庄稼收成经常不好，百姓生活很艰难。一旦遇到灾荒，很多家庭只能卖儿卖女，吃树皮草根度日。看到这些，苏轼心里非常焦急。

嘉祐七年（1062年），从二月开始，当地竟连一滴雨都没下。当时，正是小麦苗拔节生长的时节，遇上这么严重的春旱，很可能就颗粒无收,苏轼为此忧心如焚。

一连几天,苏轼都在麦田巡查,同百姓一起抗旱保苗。歇息的时候,他和几个农民围坐在地头,商量对策。一位老人告诉他:"听人说,在唐朝的时候,太白山神曾经被封为神应公。而到宋朝以后,不知什么原因却被改封为济民侯了。无缘无故地被降了一等,大概太白山神生气了,所以惩罚我们吧!"

苏轼听了之后,马上找来有关的典籍和地方志查看,果然是这样,和老人说的一点儿不差。于是,他立即代知府向仁宗写了一份奏折,请求恢复太白山原来的封爵。

同时,他派了一名特使去通知太白山神。那位特使临去时,苏轼特意交代,回来时,一定要带一盆太白山顶池塘里的龙水。

三月十九日,苏轼和凤翔知府等人斋戒沐浴,一起去城外迎接龙水。消息传开后,老百姓都从四面八方赶来,如同赶闹市一般。

说来真是凑巧,这一天下午真的风云突变,下了一场大雨。两天以后,又下了一场大雨。这雨竟一连下了三天,使干裂的土地喝了个饱,枯萎的麦苗也重新焕发了生机。

这一下可热闹了,人后见面一开口就谈论这件事,对苏轼更是赞不绝口。苏轼非常高兴,为了纪念此事,他将官舍后面的亭子命名为"喜雨亭",还写了一篇散文《喜雨亭记》。

后来,苏轼在各地做官时,多次带领百姓去求雨。他每次求雨所作的祈文,都收在他的文集里。

苏轼不大会应酬,闲下来就到处走一走,参观名胜古迹,看看山水风光。

凤翔府一带是周王朝的发祥地,关中历史文化积淀深厚,有数不清的名刹道观,留下了无数的古人遗迹。终南山脚下,古老的孔庙,缤纷焕彩的开元寺,幽深的秦穆公墓,处处都曾徜徉过苏轼的身影。

这期间,他创作的《凤翔八观》,描述了在凤翔所见的8处历史遗迹。这些诗作,拟事状物,十分生动传神,既讲究辞章的变化,又有深刻的含义,风格雄浑,俨然有大家气度。

凤翔开元寺大殿九间,后壁有吴道子的佛教系列画,自佛始生、修行、说法至灭度。其间,山林、宫室、人物、禽兽万千种,都画得十分精妙。苏轼所描摹的就有这幅大壁画上最令人关注的情节,即佛灭度前在两株娑罗树下说法的一幕。这幕场景里,吴道子描绘了众多信徒的神情形貌。

寺中另有王维的画,除简单刻画信徒的清癯面貌,表现他们内心的孤寂,还重点刻画了周边的景物,以竹衬人。王维画的竹子枝繁叶乱却脉络清晰,仿佛在随风摇动,正抓住了竹的特征。观摩这些画,对苏轼后来的画风都有非常大的影响。

不久,宋太守任职期满,离开了凤翔。新任太守官叫陈公弼。陈公弼是武官出身,当时已经60多岁了,他性情刚直,不苟言笑,对待下属很严厉。有时候他把苏轼找去,老半天也不接见,还总爱改苏轼写的公文,这让以文字自傲的苏轼感到很憋屈。

嘉祐八年(1063年),仁宗皇帝去世,即位的新皇帝是英宗赵曙。修筑皇帝陵寝的木材和竹子,都摊派由凤翔府提供,苏轼负责管理运输这些建筑材料。事情牵涉到皇家事务,来不得半点儿闪失,苏轼又是忙碌又是紧张,疲累而厌倦,一直忙了5个多月,才松了口气。

不久,他又受派前往长安,主持陕西一路的秋试。这一次,苏轼借机好好游玩了一番。这期间,他得以与商洛令章惇相识,两人一见如故,引为知己。他们把臂同游,诗歌唱和,欣喜痛快,相见恨晚。

有一次两人一起旅行,到了黑水谷,那里有一条深涧。深涧两侧绝壁万仞,道路断绝,下边湍流翻滚,只有一条横木为桥。章惇要苏轼走过去,到那边的悬崖上题词。

苏轼两腿发软,不敢过。章惇说:"好吧,看我的。"便若无其事地走过去,从容在石壁上写下"章惇、苏轼到此一游",写完了又若无其事地走回来。

苏轼脸色煞白,拍着章惇的肩膀说:"子厚的胆略可以杀人!"章惇问:"为什么这么说呢?"苏轼说:"连身家性命都不顾的人,还怕杀人吗?"章惇想了想,耸耸肩,说:"也许是吧。"说罢,二人哈哈大笑。

不幸的是,这句话被苏轼无意言中。苏轼后半生的坎坷,竟然就是因为这位"可以杀人"的朋友而起。这是后话,暂且不表。

秋试结束之后,苏轼回到凤翔。陈太守在府衙的后花园里盖了一座凌虚台,命人找苏轼写一篇文章作为纪念。苏轼一直对陈太守不满,虽然不至于公然对抗,但这次可算逮着了机会,于是,他在《凌虚台记》里用微妙的笔触,小小地讽刺了陈太守一把。苏轼写道:

> 事物的兴盛和衰败,是无法预料的。这里从前是长满荒草的野地,现在却建了一座高台,兴盛和衰败交替无穷无尽,那么,高台将来可能变成一片废墟。一座高台尚且不足以长久倚靠,人的得失与之相比,来去匆匆又如何呢?如果想倚仗高台夸耀于世而自我满足,那就错了。因为要是世上真有足以倚仗的东西,就不在乎台子的存亡了。

出乎苏轼意料,陈太守非常大度地接受了这篇文章,让人一字不漏地将它刻在台边的石碑上,以为纪念。

很多年后,苏轼在他为陈公弼写的传记中揣测,当年,严厉的太守也许并非存心刁难自己,只是出于玉不琢不成器的好意,挫挫自己少年得意的锐气而已。此外,苏轼还和陈公弼的儿子陈慥结下了终生的友谊。

妻丧父亡,扶柩还乡

转眼间,冬去春来,苏轼结束了在凤翔的任期,回到汴京,终于得以和父亲兄弟团聚。

英宗治平元年(1064年),皇帝英宗打算破例晋升苏轼为翰林,担任替皇帝起草诏书的文书工作。因为,英宗还是太子的时候就久闻苏轼的大名,并非常佩服他的实干精神。听到这个决定后,宰相韩琦反对,他说:

苏轼之才,是大器之才,以后自然要被朝廷重用。眼下最重要的事是,朝廷要精心培养他,使天下的读书人没有一个不敬畏、羡慕、信服他,然后才选取、任用他,那么就不会有人持不同的意见了。如果现在就骤然重用他,那么天下的读书人未必以为这是对的,皇上这样做,反而会连累他。

英宗说:"那么就给他一个记注的职务怎么样?"韩琦说:

记注和制诰的工作是相近的,不可贸然任命。不如在馆阁中选择一个能够接近皇上的职位给他。而且,务必请皇上先召他来面试一下。

英宗说:"我们不知道一个人是否有真才实学时,才需要考试。苏轼的才能有目共睹,何必还要考他呢?"

韩琦说:

名不正,言不顺,这次考试,也是先皇留下来的老规矩,苏轼自然能轻松通过。但是程序不可少,以免日后与他政见不合的人拿这件事攻击他。不经考试,就贸然任用,这也无异于是害他呀!

英宗这才同意考试后再提拔苏轼。苏轼听人说起韩琦的这些话,感慨地说:"韩公真可说是用德来爱护人才啊!"

不久,苏轼参加了两次策论考试,被列入第三等。这表明,他可以在史馆任职了。史馆的官吏轮流在皇家图书馆龙图阁工作,苏轼有机会看到皇家收藏的珍本、手稿和名画,心里很高兴。

治平二年(1065年)五月,苏轼的妻子王弗去世,时年26岁,她给苏轼留下了一个6岁的儿子苏迈。王弗温柔贤惠,两人非常恩爱。她的去世,对苏轼精神上是一次很大的打击。王弗死后10年,一天夜里,苏轼梦到妻子,醒转后满怀愁绪,写下一首千古传诵的悼亡词,这就是《江城子·乙卯正月二十日夜记梦》:

十年生死两茫茫。不思量,自难忘。千里孤坟,无处

话凄凉。纵使相逢应不识,尘满面,鬓如霜。

夜来幽梦忽还乡,小轩窗,正梳妆。相顾无言,惟有泪千行。料得年年肠断处,明月夜,短松冈。

妻子早亡,苏轼还没从丧妻之痛中走出,第二年,即治平三年(1066年)四月,他的父亲又去世了。

英宗诏赐银、绢慰问,韩琦、欧阳修等人也赠以银两吊唁,苏轼都婉言谢绝。他想到,父亲一生仕途很不得意,便向英宗皇帝恳请赐官,英宗特赐苏洵光禄寺丞。

不久,苏轼、苏辙便护丧返乡。苏轼把妻子的棺材和父亲的棺材一起装在船上,由汴水入淮河,转入长江,然后沿长江逆水而上,回到四川眉州。

他们走的这条水路,路程很远,特别是沿江而上途经三峡时,船走得非常艰难。待回到眉州,已是治平四年(1067年)四月了,在路上几乎耽搁了一年之久。

早在苏轼母亲去世的时候,他父亲的坟墓就已经修好了,所以,只要把父亲的棺材放在母亲的棺材旁边就行了。但是,苏轼把父亲的殡葬搞得非常隆重。

苏轼在一座庙宇里为父亲修了一个阁楼,把父亲生前喜欢的书画放在里面作为纪念。这些书画中有苏洵生前最喜欢的吴道子的一幅画。这幅画画在四块门板上,天晴的时候看上去是四个菩萨,而天阴的时候看上去就成了四大天王,是一件罕见的艺术珍品。

将父亲和母亲合葬在一起后,苏轼又遵照父亲的遗嘱将妻子王弗安葬在程氏夫人墓侧。他们又为父亲守服27个月。丧期届满,苏轼再婚,他的第二任夫人是王弗的堂妹王闰之。

治平四年(1067年)正月,英宗皇帝病逝,神宗继位,于次年改元熙宁。十二月,苏轼兄弟离家返回京城,家中的田地、祭祀等事情,都委托给堂兄苏子明管理。

这是苏轼第三次离开四川,也是他一生中最后一次回到故乡。后来,苏轼四处漂泊,特别是在仕途失意的时候,非常思念家乡,但是,归乡的愿望至死也没实现。

议论新法,秉忠直言

神宗熙宁二年(1069年)二月,苏轼苏辙兄弟抵达汴京,仍回史馆任职。神宗很赏识苏轼的才华,因此,苏轼虽然在史馆任闲职,仍很受神宗倚重。

有一次,辽国的一位使臣出使汴京。这位使臣以能写诗自夸,傲气十足,神宗皇帝便让苏轼作侍陪臣,来治治这位骄横的使臣。

辽国的使臣听说前来陪同的只是一个地位低下的史馆官员,对宋朝的安排很是气愤,根本没有把苏轼放在眼里。

于是,辽国使臣找个机会不屑地对苏轼说:"听说你也会写诗?何不写几首,让大家欣赏欣赏?"

苏轼淡淡地说:"依我看,写诗是件很容易的事。只恐怕我写的诗,平庸之辈读不懂啊!"

辽国使臣一听,当即大怒,说:"听你的口气,好像很了不起呀!是骡子是马,拉出来遛遛,看看是有人不会写,还是有人读不懂?"

苏轼说:"恭敬不如从命,那卑职就献丑了。"说罢,当即提笔,连写带画,写了共12个稀奇古怪的字,题为《晚眺》。

这些字，有的长，有的短，有的横写，有的反写，有的侧写，大小形状各不相同。辽国使者拿在手里，左看右看，横看竖看，连汗都急下来了，也没读出一句来。

于是，他哼了一声，说："只怕是故弄玄虚也未可知呀！那就请大宋的才子念出这首诗来，在下便当场认输。"

苏轼微微一笑："这有何难？"于是念道：

长亭短景无人画，老大横拖瘦竹筇。
回首断云斜日暮，曲江倒蘸侧山峰。

听罢苏轼的诗，辽国的使臣才知道遇到了高人，脸上红一阵白一阵的，不吱声了。从此，辽国使臣的态度谦逊了许多。后来，这个故事就在民间广泛流传开了。

苏轼这次返回京城，朝廷里的气氛已经发生了翻天覆地的变化。神宗即位后，任用王安石主持变法，史称"熙宁变法"或"王安石变法"。

苏轼兄弟都是制策出身，自打入仕的那一天起，两个人就有很大的政治抱负，因此，兄弟二人不可避免地卷入了政治风暴之中。

在这里，有必要将当时北宋王朝的处境，以及宰相王安石的生平性格作一番介绍，以便对苏轼日后的遭遇有一个更为全面的了解。

北宋初年，朝廷由于对土地采取"不抑兼并"的态度，导致三分之一的自耕农沦为佃户。再加上豪强地主隐瞒土地，致使富者有田无税，贫者负担沉重。连年的自然灾害加剧了农民苦难，因而造成各地农民暴动频繁。

为了稳定社会秩序，北宋政府采取"荒年募兵"制度，招募流民当兵,这就不可避免地导致军队战斗力下降。

此外,北宋政府为了防范武将,实行更戍法,频繁调动武将,导致兵无常帅、帅无常师。还设立不同机构管辖军队,调兵权与领兵权分离,削弱了军队战斗力。而且,军队武器生产管理非常混乱,也影响了军队战斗力。

这一切,导致北宋在与辽国和西夏的冲突中常常失败。失败的直接后果就是割地赔款,这更加剧了宋王朝的危机。

在行政上,北宋政府采用集中皇权、分化事权的方式。比如,宰相职位一般由很多人担任,同时还设置了枢密使、参知政事、三司使,来分割宰相的军、政、财权。官职也不断增加,这就直接导致官僚队伍机构臃肿、办事效率低下,而冗官冗员的开销,更让国家不堪重负。

此外,统治集团内部矛盾突出,改革派与守旧派斗争激烈。所有的这一切,共同造成了北宋积贫积弱的局面。

仁宗时期,范仲淹"庆历新政"失败以后,宋朝严重的阶级矛盾和民族矛盾并未缓和,积贫积弱的局面日甚一日。统治集团感到危机四伏,因而要求改革的呼声在一度沉寂之后,很快又高涨起来,终于掀起一次更大的变法活动。

因此,神宗即位之初就决定起用王安石,厉行变法,挽救北宋积贫积弱的局面。

王安石,字介甫,生于真宗天禧五年(1021年),临川(今江西抚州)人,诗词散文俱佳。神宗即位后,起用他做宰相。王安石积极推行新法,革新政治,以期缓和当时的政治、经济危机。

王安石的变法对于增加政府收入有着积极的作用,北宋积贫积弱的局面得以缓解。但王安石急于求成,以至于利弊互见。

苏轼和当时许多元老重臣一样，对这场变革持怀疑态度，试图阻止它滚滚而来的大潮。王安石失去欧阳修、司马光、苏轼等人的支持，只得大力举用地方的人才。

新进人员里虽然并不缺少有才能的官吏，可也有许多逐利小人乘虚而入。在朝堂之上，新党与旧党的争端渐渐趋于尖锐，导致新法最终失败。

从某种意义上来说，王安石变法正是欧阳修等人"庆历新政"的继续。但为什么原来主张改革的欧阳修等人，到了这时却纷纷出来激烈地反对起用王安石来变法呢？其中一个主要的原因就是欧阳修等人从"庆历新政"的失败中吸取了教训，认为改革不能急于求成。

当他们看到神宗皇帝执意支持王安石进行变法时，便纷纷告退。神宗皇帝本来想调和王安石和司马光等人的关系，比如他曾劝司马光留下来任枢密副使，让这些元老重臣也来积极地支持这一变法运动。

但神宗皇帝不知道这二者的矛盾不易调和。老臣们既然反对变法，王安石自然就不会依靠他们。于是，王安石便以拥护新法为标准，从下面越级提拔了不少新人。一时之间，未免泥沙俱下，最终断送了新法。

苏轼重返朝廷时，王安石正在推行新法。王安石平时就不乐意苏轼好发议论，于是，就让苏轼到官告院任闲职。

在对待王安石变法的问题上，苏轼最初的态度显然是片面的。王安石和苏轼都是革新派，但王安石是个激进的革新派，而苏轼则受欧阳修等人的影响，是个渐进的、稳妥的革新派，带有更浓重的改良主义的色彩。

苏轼与王安石之间的矛盾本来是革新派内部的矛盾，即所谓政见不同，人各有志，这本来是正常的。

但在王安石变法初期,由于苏轼对新法的某些内容、方法、步骤及用人等方面的极力反对,所以被以司马光为首的保守派利用。而革新派对苏轼不作具体分析,轻易地将他推到对立面,作为敌对派。

熙宁二年(1069年),王安石想改变科举制度、兴建学校,诏两制、三馆讨论。苏轼将奏议呈上,表示反对。神宗看后,当天就召见了苏轼,对他说:"目前朝廷政事、法令的得与失都有些什么呢?你只管告诉我,即使是我的错,也请你明言。"苏轼回答道:

> 皇上生来就有明理的天性。治国之道,不怕不明,不怕不勤,不怕不果断,就只怕求治心太急,听的意见太广泛,进用的人才过快过多。希望皇上能用安静来镇住急躁,静等着变化的自然到来,然后适应它就是了。

神宗恍然大悟,心有余悸地说:"你这几句话,我应该牢牢记住,好好思量。你在馆阁工作,希望你能替我好好考虑治乱的措施,不要有什么隐瞒。"

苏轼在这里所说的"求治太急,听言太宽,进人太锐",正是针对王安石的变法而言,自然暗暗包括神宗皇帝在内。苏轼这个意见,正代表了韩琦、富弼、欧阳修等元老大臣们的意见。

苏轼本来就是一个遇事忍不住的人,他曾经和别人这样说:"我心里有话不说,就非常不自在,就好像吃饭时嘴里吃了一只苍蝇一样,只有把它吐出来,心里才觉得舒服。"

后来,苏轼的朋友晁补之提醒苏轼,劝他少说为佳,以免因此获罪。苏轼却坦率地说:

苏东坡传

>我被仁宗帝安排在贤科,一时之间,明公大臣都把我看成是知己,皇上对我的建议,无不采纳。后来我屡屡上书,言辞虽然十分激烈,但皇上从来不发怒。如果我不说话,还有谁该说话呢?这样,我怎么还会担心皇上因此而杀掉我呢?

王安石知道这件事后,心里十分不快,就想了个办法,让苏轼去开封府任推官,打算让繁忙的政事束缚住苏轼。谁知苏轼处理政务很快,到头来,苏轼依旧是一个让王安石伤脑筋的人物。

这一年元宵佳节将临时,朝廷下令开封府到江南去采办彩灯,并且要求压低收购价格。苏轼上书说:

>皇上难道会把元宵观灯作为快乐吗?其实这不过是想待奉皇后和太后,讨她们的欢心罢了!然而皇上的这份心,百姓是不会知道的。以低价从他们手中买灯,他们会认为皇上是为了自己的享乐,去夺取他们的口中食身上衣!这件事本来很小很小,但它牵涉的事体却很大,请皇上收回成命。

苏轼一生唯民生不唯自己仕途的为民请命精神,值得我们学习。正如"当官不为民做主,不如回家卖红薯"。

神宗于是下诏取消了此事。从这件小事上,我们可以看出,神宗的确对苏轼的意见很尊重。

在熙宁三年(1070年),王安石开始全面整肃御史,反对新法的官员一个个被罢官或者被远调。这样一来,朝廷的官员越来越多地成为王安石的亲信与支持者。

苏轼本来还算安全，王安石并没有要对付他的意思。可苏轼主动出击，向皇帝呈上了《上神宗皇帝书》，洋洋洒洒9000字，大力阐述新法的不利。

苏轼明知此时上书对自己非常不利，照情形看，他至少会被免职，可苏轼想到神宗说过让他"好好考虑治乱措施，不要有什么隐瞒"，觉得自己有必要在关键时刻表明立场。

《上神宗皇帝书》中重要的论点有两个，一个是"君权民授"的观点，这是孟子的观点。苏轼说，君主并不是靠神给予的权力来治理国家，而是依靠百姓的支持。

另一个论点是有关容纳不同意见和批评的问题。当时王安石取消了台谏旧制，这引起大批官员的不满。在当时，台谏的主要功能是指出施政者的不足。

苏轼认为，好的制度要靠不同的意见来维持，他列举了历史上有名的贤君，说他们都喜欢听取不同意见用以完善自己的决定。

苏轼还指出，当时商业瘫痪，物价高涨，近到京师四周的省份，远至川蜀地带，到处都是谣言，民心十分不稳，而这一切都是朝廷的新法造成的。他相信皇上可以明显看出国内的不和与斗争，并且提醒皇帝新法已失去民心，再坚持下去是很不合适的。

最后，苏轼指出，富国强兵必须与道德修养并行，养道德、移风俗以强国。其实，这就是对当时推行的新法表示不赞同。

然而，改变全国上下的道德修养，这个说法是对的，只不过太过空谈。尤其对神宗来说，可真是急惊风遇上了慢郎中。

奏疏呈上去十天半月都没有回音，苏轼揣度着可能是不被皇帝放在眼里，这对以制科而名动天下的苏轼来说，实在是不小的打击。时隔不久，苏轼再次上书，结果还是杳无音信。

在苏轼看来,这无疑是王安石"独断专任"的结果。就借考试进士策问的机会,对王安石进行讥讽。王安石大怒,建议神宗将苏轼免职。

随后,王安石的亲戚兼随从谢景温出面弹劾苏轼,说他护送父亲的棺木回四川时,曾滥用政府的卫兵,买家具、陶瓷,甚至贩卖私盐谋利。

对于这次弹劾,王安石睁一只眼,闭一只眼。于是,神宗派了官员到苏轼途经的省份,向船夫、士兵收集资料,结果却一无所获。

这件事情虽说对苏轼没有什么妨碍,却令他大伤脑筋。于是,他不愿再留在京师惹闲气,便自请到外地任职。王安石自然希望苏轼离开京城。

神宗本来不忍心将苏轼外放,但一时想不出别的好方法来调和他与王安石之间的矛盾,于是答应让苏轼出任杭州通判。这也算是一种折中,通判官职虽小,可六朝古都杭州是个不错的地方。

通判是通判州事或知事通判的省称。宋朝初年,为了加强对地方官的监察和控制,防止知州职权过重,专擅作大,太祖创设通判一职。通判的差选,初由朝廷选京官任职,后改由转运使、制置使及提举司等监司奏辟。

通判是兼行政与监察于一身的中央官吏,由皇帝直接委派,辅佐郡政,可看作是知州的副职,但有直接向皇帝报告的权力。知州向下属发布的命令必须通判一起署名方能生效。

通判之职除监州外,凡兵民、钱谷、户口、赋役、狱讼听断之事,都可以参与裁决,但必须与知州通签文书施行。

苏轼正要离开京城时,京城里发生了暴乱。朝廷从前一年的冬天开始实行保甲法,因为士兵们在京城附近的村里练兵，村民们怀疑政府会派他们去前线打仗，加上朝廷又让他们上交家中的军备，如弓箭之类的，所以村民们就示威抗议。

村庄里一片混乱，村民们甚至自己弄折手腕、割掉指头，以逃避征兵。这次暴乱很快平息，苏轼没有改变自己的计划，熙宁四年（1071年）七月，苏轼带领家人离开京师，到杭州去任职了。

第三章 名动天下

通判杭州，逆境有德

苏轼将去杭州赴任时，弟弟苏辙正在陈州（今河南淮阳）任职。陈州在京师东南一二百里处，正是苏轼到杭州的必经之地。于是，苏轼趁此机会和弟弟在陈州相聚。他们的老朋友，曾在成都任职的张方平当时也住在陈州，几人经常一块儿饮酒作诗。

当时，苏辙家里很穷，一大家人住在一栋低矮的小房子里。苏轼常拿弟弟的身高开玩笑，吟诗说："常时低头诵经史，忽然欠身屋打头。"兄弟俩常到柳湖去划船，或者到城郊去散步，讨论国家的政局。

两兄弟脾气和长相都不一样，苏辙个子较高，面孔圆润些，苏轼比较结实，骨肉均匀，面孔很大，颧骨高耸，前额突出，眼睛长而明亮，下颏匀称，留着尖长的胡须。

但两兄弟政治观点始终相同，立场也一致，只是性格完全不一样。苏辙安稳，保守，不多说话；苏轼豪放，开朗，心直口快，不计后果。朋友同伴都觉得苏辙可靠，而苏轼开朗的天性，他的嘲弄和恶作剧却常令人害怕。

苏辙十分了解自己的哥哥，他劝告苏轼："哥哥你最大的缺点，就是喜欢在宾客面前或者作品中坦白说出自己的看法。"他经常把手放在嘴上，希望苏轼能沉默些。后来，苏轼因乌台诗案入狱，苏辙也做过同样的手势。

苏轼很明白自己性格中的一些不足，他对弟弟说："我知道，我常常口无遮拦。"

苏辙说:"不过,你先得认清谈话的对象,有些人值得信赖,有些人却不行。"

苏轼说:"对,这就是我的弱点,也许我天生太相信别人。不管和谁说话,我都喜欢倾吐内心的秘密。"

苏辙对哥哥说:"你有没有注意到,一天赋闲似乎等于平常的两天?因此,一个人若活了70岁而能够整天悠悠闲闲,他实际上就活了140岁。这是长寿的简便办法。"

中秋之后,苏辙和哥哥到颍水下游的颍州(今安徽阜阳市颍州区),拜望了他们的恩师欧阳修,他们又在那儿住了10多天。

随后,苏轼辞别恩师和弟弟,带着家眷,登舟顺颍水入淮河。两岸的枫叶正红,水边长长的芦苇在瑟瑟秋风中摇摆,极目遥望,水天一色。

轻舟在水面滑行,丛山的影子倒映在水面,微微有些摇晃。这一路往东南而来,虽然也是漂泊行旅,但比起当年穿过三峡的惊险,风物滋味却温软得多。

熙宁四年(1071年)的冬天,苏轼抵达杭州就任。杭州是六朝古都,三吴的水陆要冲,人物繁盛,经济发达,是"市列珠玑,户盈罗绮"之地。

初到任所,苏轼还不能完全抛开京城发生的许多事,一股怨怒,无从发泄,心情特别郁闷沉重。

苏轼的公务十分繁忙,连除夕之夜还要在都厅里提点刑犯。城中家家户户灯火通明,不时有些嘈杂声隐隐传进来,更显出宽敞肃穆的厅堂空荡森严。

在苏轼看来,这些关进大牢的犯人,有些是因为还不上青苗钱,有些是因为走私食盐,还有些是因为保甲法连坐进来的,真正的奸恶之徒不多。

苏轼是反对这些新法的,没想到自己逃到千里之外,还要按照自己不喜欢的律法办事,这实在是大大违背了他的意愿。为此,他感到非常痛苦。

他想起自己少年成名之初,所怀抱的治国平天下的豪情,如今不知都跑到哪里去了,眼下贪恋着一份俸禄,做着这些违心的政务,自己何尝不是心的囚徒?

后来,对于当时的心情,他在给一位阁员的书信中说得十分清楚。从中可以看出,苏轼对囚犯是饱含同情的。在一首五言诗中,他写道:

> 除日当早归,官事乃见留。
> 执笔对之泣,哀此系中囚。
> 小人营糇粮,堕网不知羞。
> 我亦恋薄禄,因循失归休。
> 不须论贤愚,均是为食谋。
> 谁能暂纵遣,闵默愧前修。

在另一首诗里,他写百姓在保甲制度下所受的痛苦,描写老百姓在鞭挞之下的哭叫,甚至壮丁的妻子儿女也被关了监狱。这些诗句累积起来,后来他被捕受审时,在御史眼里就成了他诽谤朝廷的罪证。

苏轼的心里既然有怨怼,自然与新同僚们保持着距离,因此浓浓的孤独之感环绕着他。幸好,他的妻子王闰之一直陪伴在他身边,儿子们也都庭前承欢,时间一长,他对那些得失就能渐渐释怀了。

苏轼在杭州任通判期间,当地的灾情一直很严重。杭州所辖地区,半是山岭地,半是低洼地。那时候,农民全是靠天

吃饭。连续下几天大雨,低地洼地便要闹水灾,一段时间不下雨,山岭地就要遭旱灾。

苏轼到杭州的第二年,就是熙宁五年(1072年),那里闹了一次严重的蝗灾。遮天蔽日的蝗虫从西边飞来,落在庄稼地里。只听得"沙沙沙"一阵响声后,眨眼之间,庄稼便被吃得精光。

农民们想不出其他办法,只好焚幡烧纸,磕头祈祷,哀求上天可怜,不要让蝗虫飞到自己的田地里来。可是上天一点儿也不可怜他们,任由蝗虫成群结队地飞来,把田间的禾苗吃得光秃秃的。

好不容易等来了一场暴雨,有不少蝗虫被冲到钱塘江里,这场蝗虫灾害才算过去。可是,紧接着又闹起了水灾。低洼地里剩下那些没被蝗虫吃掉的庄稼,又全都淹没在水里。

大雨下个不停,老百姓哭都没有个地方哭,真是"眼枯泪尽雨不尽,忍看黄穗卧青泥"。好容易盼到天空放晴,农民赶快跑到庄稼地里去抢救被大水冲走和淹死的庄稼。苏轼看到百姓受到天灾的痛苦,真是心如刀绞。

随后,苏轼把自己见到的这些情形报告给太守沈立,请他写表章,报请朝廷减免今年的赋税。太守沈立虽然不是贪官,但他不愿做对自己前程有碍的事。听了苏轼的报告,太守长叹一口气说道:

你能关心百姓的疾苦,这是好事。可是,有些事我们也无能为力。我朝历来就有这样一种看法:哪个地方闹灾荒,就被认为是上天对这个地方官员的惩罚。所以,时至今日,还没见到有多少人肯把发生的灾情如实地上报朝廷的。本府所属各县的知县也没有向本府报告灾情,

第三章 名动天下

因此我这个太守就无法据以上报。我看,还是先问一问各县,等到秋后,看看收成情况再说吧。

不久,沈立调往他处任职,接任的太守陈襄算是一个正直的人,和苏轼的关系很好。但是,由于事前没有向朝廷呈报灾情,也没申请免除赋税,这时也做不了主。他听了苏轼的报告后,发了一通牢骚,可终究没有办法。

秋收季节,苏轼有事到杭州郊外去。一路上,他看到由于新法本身存在的一些弊端,再加上推行过程中一些人为因素,给人们带来了一些灾难。他只能眼巴巴地看着百姓在饥饿线上挣扎。为此,苏轼写了《吴中田妇叹》一诗来记载此事:

>……
>茅苫一月垅上宿,天晴获稻随车归。
>汗流肩赪载入市,价贱乞与如糠粞。
>卖牛纳税拆屋炊,虑浅不及明年饥。
>官今要钱不要米,西北万里招羌儿。
>龚黄满朝人更苦,不如却作河伯妇。

这首诗写新法推行后,由于把农业税由实物税改为货币税,所以在粮食刚下来的时候,米价大卖不出去,以至于竟如"糠粞"一般,使农民卖米就好像向人乞求一样。

粮食售价这么低,有时甚至连低价都卖不出去,怎么能给官家交税呢? 在官家的强催硬逼之下,人们卖牛、拆屋炊,且顾眼前纳税,如何顾得上考虑明年没有耕牛时如何耕作,拆了屋炊后如何生活呢?

此后,苏轼又曾到润州、秀州、雷阳等地督办事务,目睹了

当地人民的疾苦,写下了不少讽刺新法、同情人民的篇章,如《山村五绝》等。

民以食为天,老百姓填不饱肚子,就铤而走险。这样,不遵守法令的人数突然增加,其中以违犯盐法的为最多。据记载,在这一年中,有1.7万人之多。

早在10年之前,苏轼任凤翔签判的时候,就曾提出改革食盐官卖制度的建议。可是10年后,苏轼的建议仍然未被采纳,食盐官卖制度仍在执行着。

杭州地处海滨,海水一晒就是盐,是个相当大的食盐转运站,可是百姓却吃不上盐,依然过着"三月日食无盐"的生活。

于是,饥民们便在食盐上打主意。那些胆大的,结伙成队,公开贩卖食盐。官府如若干涉,他们就以武力对抗,拼个你死我活。胆小的则偷偷摸摸,暗中贩运。

朝廷得知这一情况后,决定在杭州地区开一条专门的运河,来保证盐路的畅通,以便把食盐及时运往外地。这使杭州的百姓苦上加苦。

苏轼认为,在灾荒之后,应该加紧耕作,以保证明年的收成,因而表示反对。但他的意见报上去后,朝廷不但没有采纳,反而专门委派苏轼督办开凿运河的事。

熙宁五年(1072年)十月,盐官不顾农事未毕,硬性抽调大批农民去挖掘运河。苏轼被派往到杭州40里外的汤村去监督修河。

恰巧在这个时候,老天好像故意与人作对似的,竟下起了滂沱大雨。上面没有命令让民夫们休工,他们只好冒着大雨照常出工,其悲惨的情状真像"鸭和猪"在泥浆里翻滚一样。苏轼看到这幅情景,心中非常难受,便如实地将这幅惨景描摹了下来,题为《汤村开运盐河雨中督役》:

第三章 名动天下

居官不任事,萧散羡长卿。
胡不归去来,滞留愧渊明。
盐事星火急,谁能恤农耕。
薨薨晓鼓动,万指罗沟坑。
天雨助官政,泫然淋衣缨。
人如鸭与猪,投泥相溅惊。
下马荒堤上,四顾但湖泓。
线路不容足,又与牛羊争。
归田虽贱辱,岂识泥中行。
寄语故山友,慎毋厌藜羹。

诗刚刚写完,杭州府里来人,说是太守准备接待进士,请苏轼速速回去。这一年秋天的预选,苏轼是监考官,当然无法推辞,只得急匆匆地安排了一下工程,便随来人走了。

过了除夕,又是一年。新春伊始,苏轼与陈太守商量:"根据杭州地方天气的规律,前一年如果有水灾,第二年多半要有旱情,我们还是及早做些准备吧。"

陈太守说:"依你之见,我们应当先做些什么呢?"苏轼说:"据我了解,杭州有六大井,供应整个居民饮水。这六井又连通着西湖和钱塘江,如果疏浚好了,还可以得到灌溉之利。"

陈太守说:"好,我们就先疏通六井吧。"这年春天,他们打开仓库,把仅有的粮食拿出来,以工代赈,完成了疏浚六井的工程。

这一年果然大旱,杭州百姓依赖六井的水,度过了灾荒。不过,这一年还没到年底,苏轼的任期已满,便被调往他处了。

寄情山水,心胸豁达

在政治上郁郁不得志,每有闲暇,苏轼便寄情于杭州的山山水水,频频往来于友人、僧人、歌妓以及普通劳动者之间。他饮酒赋诗,借以消除胸中之块垒。

在杭州,他的官舍就设在凤山之顶,南面可望钱塘江潮,潮退以后又是白帆点点;西面和北面是西湖,群山环绕,雾霭茫茫,寺庙别墅点缀其间;东西两面是惊涛拍岸的海湾。

当时的杭州已被称为人间天堂,苏轼一来杭州就写道:

未成小隐聊中隐,可得长闲胜暂闲。
我本无家更安往,故乡无此好湖山。

杭州是他的第二故乡,不只因为那里有美丽的山丘、森林、湖泊、大海、热闹的市街、壮观的寺庙,还因为当地百姓都很喜欢他,他度过了这一生中最幸福的日子。

他甚至向朋友刘景文表示:"平生所乐在吴会,老死欲葬杭与苏。"在咏西湖诗中,苏轼把西湖比作战国的美人西施:

水光潋滟晴方好,山色空濛雨亦奇。
欲把西湖比西子,淡妆浓抹总相宜。

短短的四行诗,洗练地概括了西湖所有的景色与变化,这首诗成了公认的经典的咏西湖诗。

西湖的秀美启发了诗人的灵感,西湖的魅力抚慰了诗人的心灵。杭州赢得了诗人的青睐,诗人也赢得了杭州百姓的爱戴。

苏轼所任杭州通判,官职虽然微不足道,也无法为当地百姓做多少贡献。但是,他每行一事,都在百姓中留下了极好的口碑。因此,后来当他受诬被捕的时候,杭州百姓纷纷在街头设奠拜祭,替他祈祷解灾。

苏轼在杭州三年,无日不在山水之间,他甚至连辩讼决案等公务也在西湖办理。随着政治上的日益不得志,他对杭州的这种深情与日俱增。

> 山与歌眉敛,波同醉眼流。游人都上十三楼。不羡竹西歌吹、古扬州。
> 菰黍连昌歜,琼彝倒玉舟。谁家水调唱歌头。声绕碧山飞去、晚云留。

这首《南歌子》词,写的是宋时杭州的名胜十三楼。十三楼是临近西湖的一个风景点,"游人都上十三楼",意即凡是来游西湖的人,没有不上十三楼的。

这首词以写十三楼为中心,但并没有将这一名胜的景物作细致刻画,而是用写意的笔法,表达了诗人寄情山水、隐逸出世的落寞心境。

在杭州,苏轼经常与同事们一起在西湖或附近的风景区游览。一般情况下,他们会带歌妓同行。据说,有一次府僚们在西湖宴集,官妓秀兰因刚沐浴后困倦,醒后赶去时已经迟到,她折了一枝石榴花赔罪,苏轼就作了一首词,令秀兰唱着,为他们助兴。

这首词既写了美人的心事,又说到石榴花的外形,还将美丽的女主人公对爱情的忠贞,与石榴花紧束的花瓣结合在一起,体现了作者高超的写作技巧。

乳燕飞华屋,悄无人、桐阴转午,晚凉新浴。手弄生绡白团扇,扇手一时似玉。渐困倚、孤眠清熟。帘外谁来推绣户?枉教人梦断瑶台曲。又却是、风敲竹。
石榴半吐红巾蹙,待浮花浪蕊都尽,伴君幽独。秾艳一枝细看取,芳心千重似束。又恐被、秋风惊绿。若待得君来向此,花前对酒不忍触。共粉泪、两簌簌。

苏轼在杭州虽与不少歌女有来往,但与那些浪荡公子不同,他非常尊重她们。临离开杭州的时候,他只带走了一个12岁的歌女,名叫王朝云,作为妻子的丫鬟,后来做了他的妾室。

熙宁七年(1074年),苏轼调任密州太守。一天,路过京口(今江苏镇江),一位好友请他吃饭,有两个歌妓被邀来陪酒,弹唱助兴。这两个歌妓,一个名叫郑容,一个名叫高莹。苏轼没有一点儿架子,高兴地与大家饮酒、猜谜、聊天。

席散后,两个官妓对苏轼说:"请大人帮助我们俩从官妓册中除去名字,使我们不再为娼。"

郑容说:"我要求落籍,当个自食其力的平民百姓,从此不再过卖唱生活。"高莹说:"我要求从良,找一个情投意合的人,去安分守己地过日子。"

苏轼听后,爽快地答应下来。临走时,他交给她们一首《减字木兰花》词,对她们说:"你们拿这词去见太守,他看了就会明白。"

第三章 名动天下

二人将信将疑,拿着词去面见南徐太守。太守拿过词,就见写道:

郑庄好客,容我尊前先堕帻。落笔生风,籍籍声名不负公。

高山白早,莹骨冰肤那解老?从此南徐,良夜清风月满湖。

太守左看右想,也弄不懂词意。太守有个小吏,平时善解字谜。当时,他接过词,仔细看了后,对太守说:"大人,你把这词中每句第一个字挑出来,再连在一起读,就明白了。"

太守再看时,就明白是苏轼在提示他"郑容落籍,高莹从良",不由得笑了起来。就这样,在苏轼的帮助下,郑容、高莹被从官妓名册中除去名字,开始了新的生活。

苏轼有时会到钱塘江的入口处观潮。钱塘江的入口处呈喇叭状,俗称喇叭口。每月十五日涨潮时,海水倒注南涌到这里,浪头特别高。尤其是农历的八月十五日,浪头更高。他在《八月十五日看潮五绝》一诗中写道:

万人鼓噪慑吴侬,犹似浮江老阿童。
欲识潮头高几许,越山浑在浪花中。

其中,万人鼓噪,是指看潮的人很多;阿童,是西晋大将王濬的小名,他曾率领战船破吴。前两句说潮势凶猛,像王濬的战船一样迅疾。后两句说潮水高得把山头都淹没了,煞是好看。直到今天,到钱塘江观潮仍是一大乐趣。

除了观潮外,苏轼还经常赏月、赏花。从他当时的诗可以

053

看出,无论是新月、圆月,他都喜欢观赏。赏花时,他快活地在自己的头上插满花枝。

苏轼还喜欢在湖上泛舟饮酒,喝酒时常常喝得醉入梦乡。据《杭州府志》记载,他曾经让书吏们带上案卷,随自己到西湖的冷泉亭。

在那里,苏轼伏案处理公文,挥笔批写,落笔之快会带动风声。批了公文之后,书吏们去办事,他便开始游玩。有时诉讼案件也带到这里处理。据说,他对疑犯从不拍桌子发脾气,常常是笑着断案,并且使原告和被告都满意。

因此,不妨说杭州是苏轼心中的天堂,以至每一次因公事而暂时离开,他都会恋恋不舍。

熙宁六年(1073年)冬天,他被两浙转运使派往常州、润州等地赈济灾民,直到第二年入夏才回杭州,这是他离开杭州时间最长的一次,眷念之情自然更为深切。

在润州时,他写过一首词,借思妇想念行役在外的丈夫之口吻,来表达自己的思归之情:

去年相送,余杭门外,飞雪似杨花。今年春尽,杨花似雪,犹不见还家。

对酒卷帘邀明月,风露透窗纱。恰似姮娥怜双燕,分明照、画梁斜。

西湖周围的山上有很多寺庙,苏轼在那里交了不少和尚朋友,惠勤、参寥、佛印都是在这时结识的。苏轼结识和尚朋友,是喜欢他们的淡漠、与世无争,所以他经常与这些和尚朋友们开玩笑。

佛印本来是一个富家的浪荡子弟,一个偶然的机遇才出家当了和尚。他不吃斋,也很少念佛,每日里只是东游西逛。

论感情,佛印与苏轼的关系不如惠勤和参寥,但接触的时间却比那两位多得多。据传说,这佛印虽然学问不如苏轼,但却非常机智,非常健谈,而且特别爱开玩笑,谈笑中寓有很强的哲理性,有时往往高于苏轼。

有一天,两人同去参观一座庙宇,这庙宇前殿有两尊神像,是震慑妖邪的守门神。苏轼就问:"这两个神,哪一个更重要?"

佛印说:"当然是拳头大的人重要。"

苏轼听了哈哈大笑。

走入内殿,他们见到手持念珠的观音菩萨,苏轼又问:"观音也是菩萨,她数念珠干什么?"

佛印说:"她也学别人拜佛呀!"

苏轼说:"拜哪一个菩萨呢?"

佛印说:"还是拜观音呀!"

苏轼说:"这是怎么回事?她是观音菩萨,还要拜观音菩萨吗?"

佛印说:"咦,你难道不知道吗?求人不如求己嘛!"

又有一次,佛印准备登坛说法,苏轼闻讯赶到,但席中已无空位,佛印便对苏轼说:"人都坐满了,此间已无学士坐处。"

苏轼便说:"既无坐处,我就以禅师四大五蕴之身为座。"

佛印便说:"我有一个问题问你,如果你回答得出来,那么你就把我的身体当作你的座位,若回答不出,就请你把身上的玉带留下来。"

苏轼欣然答应了。佛印便道:"四大本空,五蕴非有,请问学士要坐在哪里?"苏轼一时语塞,只好把玉带留下。

后来,佛印还作过一偈,纪念这件事:

石霜夺取裴休笏,三百年来众口夸;
争似苏公留玉带,长和明月共无瑕。

还有一次,苏轼打算去拜访佛印,就事先写信给佛印,要佛印像赵州禅师迎接赵王那样迎接他。

赵州禅师迎赵王是禅史上一段有名的故事。据传说,当年赵王很尊崇赵州禅师,便上山参拜。禅师不但没出门迎接,而且躺在床上不起来,还对赵王说:"对不起,出家人食素,力气不足,加之我已年老,所以躺在床上见你。"

赵王并没有为此责怪禅师,回去后反而派人送礼给禅师。禅师闻讯,连忙从床上起来,披上袈裟,到门口去迎接。

门人感到莫名其妙,便问禅师说:"刚才赵王来的时候,您躺在床上接待他,他的属下来了,您反而去门口迎接,这是什么道理呢?"

赵州禅师说:"你们不懂,我接待上宾时躺在床上,是以本来面目相见;次一等客人,就坐起来相见;再次一等客人,就取世俗的礼仪出门迎接。"

苏轼要佛印如赵州禅师接赵王那样迎接他,就是要佛印以不接而接的上宾之礼迎接。

但是,当苏轼快到寺院时,老远就看到佛印在门口站着,苏轼便嘲笑佛印不如赵州禅师道行高远。佛印回敬了一偈说:

赵州当日少谦光,不出山门见赵王。
争似金山无量相,大千都是一禅床。

意思是说:"赵州禅师不起床,是不谦恭而非道行高远,而我到门口来接你亦非离开禅床,因为整个大千世界都是禅床。"这个回答令苏轼非常叹服。

后来,苏轼在江北逗留时,与瓜洲和佛印所住之金山寺只有一江之隔。那时,苏轼对禅十分自负,有一天他作了一偈说:

稽首天中天,毫光照大千。
八风吹不动,端坐紫金莲。

意思是说:自己的禅定功夫很深,已不为世俗的讥讽、荣誉、利益、衰老、苦乐所动。之后,苏轼派人把偈子送给佛印。

佛印看后,在上面批了两个字"放屁",就让人把偈子送回去。苏轼看到佛印的批语后,一时无名火起,立即乘船过江去找佛印。一到南岸,就见佛印已经在江边迎候他。

苏轼大声责问佛印,为何以这么低俗的秽语来骂他?佛印感到莫名其妙,说:"我骂你什么了呀?"

苏轼于是说起批语"放屁"的事,佛印听后呵呵大笑,说:"你不是'八风吹不动'吗?怎么一个'屁'就把你吹过江来了呢?"苏轼听后大感自愧不如。

西湖周边寺庙众多,僧人里有性情清和、学问精深的,苏轼的知交参寥法师就是其中之一。据传说,他们两人初次相识的情景十分有趣。

那天,苏轼轻装简从,抬脚进了一处寺庙,就见堂下有一位僧人,双目微合,神情淡定,在那里打坐,这个和尚就是参寥。苏轼上前作了一揖,这僧人却连眼睛都懒得抬一抬,应了一个字:

坐。

再唤了一个字:

茶。

苏轼也不计较,随口与他谈禅。几句话下来,参寥觉得眼前的这个人有些意思,这才睁开眼睛,打起精神,看了看这位布衣麻鞋、神情落拓的中年书生,并还了一礼,说:

请坐。

又呼唤小沙弥敬茶。

于是,两个人闲聊起来。苏轼本来就言辞锋利机敏,近年来仕途不如意,又读了许多佛经。参寥听他的言论,觉得来人不凡,便赶紧问来者何人。

苏轼笑着答道:"实不相瞒禅师,小可本是这杭州府的通判,苏子瞻的便是。"

参寥一惊,连忙施了一礼,说:

请上坐。

并高声呼唤小沙弥敬香茶。

接下来,两个人谈得十分投机。苏轼道别时,参寥请苏轼为他题一楹联。苏轼欣然应允,说话间,童子摆开纸墨,苏轼题道:

坐,请坐,请上坐;茶,敬茶,敬香茶。

参寥看罢,哈哈大笑,后来,就把这副趣联挂在堂前。
参寥的诗写得不错,他在《细雨》诗中写道:

细怜池上见,清爱竹间闻。

苏轼觉得奇怪,做和尚的人应该四大皆空,生活应该非常枯寂、了无生趣,可这些清新之气从何而来呢?

后来,苏轼通过内心的体验,终于悟出了一点门道,于是,他写了一首偈子道:

……
欲令诗语妙,无厌空且静。
静故了群动,空故纳万境。
阅世走人间,观身卧云岭。
……

就是说,有了纯净真诚的心,才能体会万物生生不息的脉动节奏,才能悲悯人世疾苦,自然地达到创作的自由境界。

正是在一次次与禅师们的交往中,苏轼一步步更接近"知禅味"的境界。苏轼钟爱《庄子》,他的浪漫气质和庄子奇特的想象、汪洋恣肆的文笔极易产生共鸣。

庄子是一个浪漫、不拘小节的人。苏轼第一次读到庄子的书时,还十分年轻,当时他就感叹道:"我以前虽然有这种看法,嘴里却说不出来,今天见到这本书,可真是合我的心意啊!"

能文能武，名动天下

熙宁七年（1074年），苏轼杭州任满。当时他弟弟在济州（今山东济南）任职，苏轼自请调到该地，以便兄弟之间能够有所照应。不久，朝廷批准他担任密州太守。

苏轼与杭州南北寺庙的僧友告别后，携家北上。友人杨绘送他到京口。

由杭州往密州的途中，苏轼曾有一首《沁园春》词写给苏辙，从这首词中，还可看出到密州之前，苏轼有很大的政治抱负，词中的政治胸怀与《西斋》诗中体现的归隐之想，存有很大差别：

孤馆灯青，野店鸡号，旅枕梦残。渐月华收练，晨霜耿耿；云山摛锦，朝露溥溥。世路无穷，劳生有限，似此区区长鲜欢。微吟罢，凭征鞍无语，往事千端。

当时共客长安，似二陆初来俱少年。有笔头千字，胸中万卷；致君尧舜，此事何难？用舍由时，行藏在我，袖手何妨闲处看。身长健，但优游卒岁，且斗尊前。

密州在山东的西南，相比杭州的富庶繁华，那里荒僻贫瘠，百姓困窘，盗贼丛生。苏轼就任太守这一年，密州旱灾和蝗灾相继为患，百姓生活艰难。

苏轼越深入密州境内，就看到越多逃荒的人群。村落里，屋宅简陋破败，百姓骨瘦如柴。泥土龟裂，庄稼干枯黄瘦，一群群乌云一般的蝗虫席卷过田地。

因为愚蠢的县令只知道祈求神明保佑,不准老百扑杀蝗虫。于是百姓只得在长杆上扎上红布挥舞着,嘴里发出绝望的呼喝,如疯似狂,在田间地头奔跑,驱赶蝗虫。

苏轼看在眼里,心痛如割。到任后,苏轼立即着手全面整治蝗灾,并上书朝廷,请求救济,想尽办法缓解眼前的灾害。他命人引导百姓燃起火堆,诱蝗虫扑向熊熊大火,死后掉在地上的虫子越堆越高。

随后,苏轼又盘点了仓库,调出几百石粮食,救济那些穷困的百姓。这样一来,原来由于生活无着铤而走险的人,就洗手不干了,被诱骗加入盗伙的人,也纷纷回了家,社会秩序安定了许多。

剩下的就是那些为数不多的惯匪惯盗了,对于这类人,苏轼采取了坚决镇压的政策。他先后杀了几十个知名的大盗,其他惯匪惯盗便不敢公开抢劫,有的跑到别的地方去了。

盗贼之祸平息以后,官兵之害又暴露了出来。原来,到这里剿灭贼寇的官兵在剿灭盗贼方面百无一用,但在乘机祸害百姓方面却很有一套。

对于官兵的祸害,百姓本来不敢说,但由于他们了解到苏太守是个很不错的清官,所以也有不少人来衙署告状。

那些被控告的官兵,知道苏轼执法严厉,有的畏罪潜逃,有的甚至占据山岭险要之处,成了悍匪。苏轼知道,对这些人只能智取,不能力擒。想到这里,他便心生一计。

在一次问案的时候,苏轼把状纸往桌上一扔,生气地说:"状子上所说的都是真事吗?朝廷发来的官兵,怎么会做这样的事情?你们这不是存心诬告良人吗?"

告状的百姓一看,太守发火了,忙不迭地辩解说:"不,不,

我们说的全是实情，若有一字不真，情愿吃官司。"

苏轼大怒，向衙役们命令道："把他们都给我轰下堂去！"老百姓一看，不对头啊，看来自古以来，官官相护，他之前的清廉，只是初来乍到，做做样子。于是老百姓满怀怨恨，一个个走了。

有些好心的人找各种理由替苏轼解释说："苏太守是个文官，手里没兵。擒盗贼靠的是官兵，要收拾官兵，他靠什么呢？苏太守也有难处啊！"

这话传到那些抢劫民财的官兵耳朵里，他们悬着的一颗心终于落了下来，于是放松了戒备。苏轼乘其不备，按照百姓们状纸上提供的线索，果然抓获了几个罪大的大盗予以镇压。到这时百姓们才明白，这原来是苏太守的计谋。

灾民尚待安抚，朝中三司使章惇等人又提出，在山东也应施行盐法。苏轼大为愤慨，因为他曾亲身体会到盐法在江南造成的灾难，每次提审盐犯都让他非常难受。

当时，王安石已经罢官，新得势的吕惠卿又设了一种新税法，密州百姓根本无法负担。为此，苏轼几次三番上书，可惜独力难支，最后还是没能阻止盐务专卖政策在山东实施。

自从在京城遭到诬陷以来，苏轼已经非常收敛，除了写几首略带讽刺意味的诗歌，很长一段时间内，都不敢公然议论朝政了。可是，在密州三年，他频频上书，论及盐政、缉盗的种种措施，爱护人民的心意殷殷可见。

可是祸不单行，密州继蝗灾之后，又发生了旱情。密州城南30里有一座山，名叫常山，一有旱情，老百姓就到那里去求雨。据说，那里是常求常应，所以才取了"常山"这个名字。这种说法虽然没有科学道理，但像苏轼这样关心百姓疾苦的人，常常是宁可信其有，不愿信其无。

第三章 | 名动天下

苏轼抱着为百姓祈求风调雨顺的好年头的念头,到常山求雨。不过,他求雨不像别人那样只是一味地烧香磕头,同时还认真地调查常山的地形。

在那里,苏轼发现了一个泉眼,从石缝中向外冒水。他命人将石头凿开,结果发现了一口相当大的泉水井。附近的百姓可以用泉水浇灌庄稼,大家非常高兴。

苏轼也欢喜得很。于是,他决定在这里建一座亭子以示纪念。因为古代把求雨叫"雩",所以,他将这眼泉水命名为"雩泉",将亭子就取名为"雩泉亭"。

雩泉亭竣工这一天,密州的大小官员都去到那里,老百姓也有不少看热闹的。苏轼看看百姓,转对自己的属下幽默地说道:"依我看,雩泉确实值得纪念,你要求什么,它都答应。我们这些当官的,百姓对我们有所求的时候,是不是答应他们了,这确实需要很好地想一想啊!和雩泉比一比,我苏轼感到惭愧,有很多事没给百姓办好。不知众位做得如何,是不是也该好好地想一想?"众官吏听了苏轼的话,都低下了头。

虽然做了太守,可苏轼的日子过得十分清苦,因为当时官员薪俸锐减。有时候,苏轼甚至以杞菊充饥。他在《后杞菊赋》的序言中写道:

……余仕宦十有九年,家日益贫。衣食之奉,殆不如昔者。及移守胶西,意且一饱,而斋厨索然,不堪其忧。日与通守刘君廷式循古城废圃求杞菊食之,扪腹而笑。

有一次,苏轼外出时,竟见到许多儿童被抛置路旁,有的在大声号哭,有的已经奄奄一息,苏轼的心大受震撼。试想,做父母的若非到了万不得已的地步,谁肯丢下自己的孩子不管呢？

于是，苏轼救下了三四十个即将饿死的孩子，把他们安顿在各个家庭里。不过，苏轼这样做只是杯水车薪，他是无力改变现状的。

这是苏轼最沮丧的时期，说也奇怪，诗人在最悲哀的时候却写出了最好的作品。这段时期，他的作品日臻成熟，愤怒与尖酸都过去了，只留下渴望隐逸出世的淡泊。

他越来越仰慕陶渊明，在他的《西斋》诗中，不但可以看出他内心的平静与恬淡，而且已经完全和自然融为一体了，这与陶渊明的诗相比，可谓不分上下：

> 西斋深且明，中有六尺床。
> 病夫朝睡足，危坐觉日长。
> 昏昏既非醉，踽踽亦非狂。
> 褰衣竹风下，穆然濯微凉。
> 起行西园中，草木含幽香。
> 榴花开一枝，桑枣沃以光。
> 鸣鸠得美荫，困立忘飞翔。
> 黄鸟亦自喜，新音变圆吭。
> 杖藜观物化，亦以观我生。
> 万物各得时，我生日皇皇。

苏轼在密州的第二年七月，北方辽国威胁逼迫宋朝割让了方圆700多里的土地。辽国和西夏一直是北宋的心腹大患，朝廷每年都要送给他们大量的钱币和丝绸，又称"岁币"，来换取边境的安稳。

但是，送去的岁币，不仅增强了敌国的实力，而且，宋王朝一味示弱,更助长了他们侵扰的野心。一直以来,苏轼对岁币政策就不赞成。

熙宁年间(1068—1077年),宋朝与西夏的战事再起,辽国的边境本就不断发生冲突,现在又发生了这样屈辱的割地事件,苏轼认为应当加强军队的训练,有所戒备。他在写给弟弟的信中表示:一旦敌人来犯,你一定要与他们周旋到底!

熙宁八年(1075年)冬,苏轼率领郡中军士前往常山祭祀,并通过狩猎演习军队。这次围猎,收获很大,猎物不计其数。打猎归来,欣喜之余,苏轼写下了《江城子·密州出猎》,以表达他的志向:

老夫聊发少年狂,左牵黄,右擎苍,锦帽貂裘,千骑卷平冈。为报倾城随太守,亲射虎,看孙郎。

酒酣胸胆尚开张,鬓微霜,又何妨?持节云中,何日遣冯唐?会挽雕弓如满月,西北望,射天狼。

在苏轼之前,词多半描述香艳软媚的儿女之情,内容多属花间柳下,浅斟低唱。因此,人们认为词品不高,其地位始终赶不上诗的地位。

从苏轼起,词开始走向广阔的天地,凡是可以写诗的内容,无一不可以写词。上面的《江城子·密州出猎》一词,在词的发展史上有着里程碑的意义。

转眼到了熙宁九年(1076年),经过苏轼的治理,又遇上了较好的年成,密州百姓的生活有了好转。中秋之夜,百姓合家团聚,庆祝丰收。明月当空,苏轼不禁想起了弟弟。

苏轼调到密州来,虽然离弟弟近了,但未见过他一面。这是因为,一来刚到这里,百废待举,抽不出时间来;二来太守是

一州的主要官员,不宜随便离开任所;三来,当时苏辙已在齐州任满,回京城去了。

苏轼月下独酌,思亲之情油然而生,国事家事涌上心头,于是,他挥笔写下了一首《水调歌头》词:

> 明月几时有?把酒问青天。不知天上官阙,今夕是何年。我欲乘风归去,又恐琼楼玉宇,高处不胜寒。起舞弄清影,何似在人间!
>
> 转朱阁,低绮户,照无眠。不应有恨,何事长向别时圆?人有悲欢离合,月有阴晴圆缺,此事古难全。但愿人长久,千里共婵娟。

这首词在文学史上有着极大的影响。后人评论说,这首词是"天仙化人之笔"。又有人说:中秋词自东坡《水调歌头》一出,余词尽废。意思是说,自从苏轼写了这首《水调歌头》,其他写中秋的词都不值得一读了。这话虽然有些夸张的成分,但却可以看出它在文学史上的地位。

在这首词序中,苏轼写道:

> 丙辰中秋,欢饮达旦,大醉,作此篇,兼怀子由。

大醉遣怀是主,兼怀子由是辅。所以说,苏轼的主旨在于抒发被贬外任的孤独情怀。

词中杂用道家思想,俯仰古今变迁,表达了自己遗世独立、孤高旷远的情绪,以及厌恶官场险恶的心情。

抗击洪水，身先士卒

神宗熙宁九年（1076年）三月，苏轼从密州任上被改调到河中府（今山西永济）任职。苏轼接到诏令后，经由济南进京城答谢朝廷。

当时，苏辙也在进京途中。苏辙是个沉静而果断的人，苏轼曾一再上表提到税制和征兵的改革，劝皇帝不要征所得税，苏辙则始终保持沉默。

当年十月，王安石已在出京途中，苏辙觉得时机已到，可以力倡全面的政治改革了，便直接带着一份奏折进京。他听说哥哥就在后面，便等了几天。不久，二人在澶州（今河南濮阳）会合。

他们到达陈桥驿（在今河南开封）北边的时候，突然接到新的诏令：苏轼改任徐州太守，并且诏令他们兄弟不必进京。二人只得转身返回，苏轼一家暂时寓居在当地朋友范镇的东园。

范镇也是四川人，这时苏轼的长子苏迈已经18岁了，便娶了范镇的孙女为妻。儿子娶亲后，苏轼携家眷，到徐州任职。苏辙也携家眷到商丘任通判，他把家人交给好友张方平，陪哥哥到徐州住了3个月才回到家人身边。

徐州，古称彭城，控制着山东南部的山区，自古以来，那里就是兵家必争之地。千年以前，著名的垓下之围就发生在这里。千年以后，这里正是著名的淮海大战的主战场。

徐州城一面临河，南面有两大高山环绕，深邃的急流绕

过市区。那里出产花岗细石、铁、煤,宋朝时就曾大规模开采。此外,那里的刀剑也很著名。

宋朝时,徐州民风强悍,盗贼横行。苏轼到任的时候,由于地方军力不足,他对当地的治安状况很担心。于是,苏轼上书朝廷,建议充实地方兵力,并要求增加抚恤,以免逃兵越来越多,形成新盗贼的源头。

奏疏报上去了,却迟迟不见回复。苏轼已经有了较为丰富的处理地方事务的经验,为人又十分有勇气,便决定不依赖朝廷,自己担起维护地方治安的重任。

苏轼下令辖区内百姓以户为单位,抽调壮丁组成自卫小分队,按期训练,使盗贼们不敢轻举妄动。作为地方的行政长官,苏轼已经能熟练果敢地组织驾驭民间力量。

熙宁十年(1077年)八月,苏轼刚到任3个月,徐州发生水灾。王安石曾想疏通黄河,但是花了50万缗铜钱毫无效果,主工程师畏罪自杀了。黄河在徐州以北的曹村决口,泛滥到梁山泊,溢满了南清河,水势蔓延了好远。

大水汇聚到徐州城下,被南面的高山挡住,水位不断高涨,九月达到二十八九尺,如果不及时排水,徐州城将会坍塌。

城内的街道积水越来越深,有些地方都可以行船了。徐州城外更是一片凄惨景象,洪水茫茫无际,郊县的农田房屋都被淹没,浩荡浑浊水面露出一些房屋顶和树梢。房屋被冲倒了,老弱妇女都淹死在波涛之中,年轻力壮的人有的爬到山坡高处,有的爬到大树上,徐州几乎成了水中孤城。

由于没有吃的,有不少被困的人活活饿死。苏轼派一些水性好的人,带着干粮,游到那些还没有饿死的人身边去救济他们。那些人吃着苏太守送来的干粮,流着眼泪。真个是洪水无情人有情,多么好的太守啊!

这期间，苏轼一直在监督修城，好几周都没有回家。他每天住在城墙顶的小棚子里，监督修固外墙的工作。

城里有钱的人家纷纷争着出城避水。苏轼对部下说："富户一旦出城，城里的百姓就都会动摇，我和谁来共同守城？只要我在徐州，就一定不会让洪水冲毁徐州城。"于是，他命人把那些有钱人赶回到城里。

洪水眼看就要超过东南外墙了，年纪大的乡老进言说："可以将所有船只绑缚在城下，以减缓大水对城墙的冲击。"苏轼认为有理，下令调集官府和私人的船只，以锁链相连，用缆绳紧紧系在城墙下。可在这风急浪高的当口，说起来容易，做起来却非常困难。好在大家齐心协力，总算拴住了船队，苏轼这才稍稍放心。

随后，苏轼指挥百姓把墙基加厚，城墙加高。挡水的防御工事长94丈，高10丈，宽2丈。苏轼亲自蹚水到武卫营向卒长求助。武卫营属禁军，直接归皇帝统领，归地方官员调遣。

苏轼对卒长说："徐州城眼看就要垮了，事态紧急，我手下人手不够，虽然你们是禁军，也要请你们尽力帮助我。"

卒长感动地说："太守尚且不躲避大水，如我辈小人，自然更当效命。"就带领了几千士兵，拿着畚箕和铁锸奔了出去，帮助修筑东南的长堤。

这时北面的工事已做好，有一个和尚建议将积水引入黄河故道，苏轼采纳了，分派人手顶着大风雨日夜施工。一个多月后，大部分洪水导入黄河故道，缓解了徐州城的压力。

十月十五日，在洪水围城60多天之后，黄河回归故道，向东在海州附近入海，洪水开始退去。

徐州获得保全，人民都欣喜若狂，对苏轼万分感激。苏轼回到城中，看到四处尽是大水留下的痕迹，心里非常难过。但

不管怎样，徐州没有被冲毁，百姓没有变成鱼虾，于是，他高兴地写下了《答吕梁仲屯田》：

……
岁寒霜重水归壑，但见屋瓦留沙痕。
入城相对如梦寐，我亦仅免为鱼鼋。
旋呼歌舞杂诙笑，不惜饮醽空瓶盆。
念君官舍冰雪冷，新诗美酒聊相温。
……

苏轼对临时筑堤不满意，就上表给朝廷，明列数字，要求拨款兴建石墙，以备不时之需。可朝廷没有回音，他只好修改奏折，改建木岸。皇帝下了一道公文，夸奖他的功劳，次年二月苏轼得到3万多贯的拨款、1800担米粮和7200个工人。

于是，苏轼组织工人在徐州东南建了一道木坝。木坝完工后，苏轼在东门上修一大楼，以黄土刷墙，楼高十丈，命名为黄楼，并写诗纪念：

……
黄楼高十丈，下建五丈旗。
楚山以为城，泗水以为池。
……

据说，黄楼的命名，与中国的五行学说，即金、木、水、火、土五行相生相克有关。黄色代表土，黑色代表水，土克水，因此，黄楼象征着抗击水患的力量。

神宗元丰元年（1078年）重阳节，苏轼在黄楼上举办了盛大的竣工仪式。百姓倾城而出前往庆祝,一时间人山人海。楼上,苏轼和30多位同僚举行庆功宴。

酒酣之时,苏轼想起去年此时的水灾,半夜里南城决口,洪水穿城如雷鸣一般,人们惊恐万状,那时候,谁还有心思饮酒作赋。现在平安无事,全城欢度佳节,真是令人感慨万千。

苏轼站在楼台之上,眺望四野风光,远处渔村、庙宇历历可见。耳闻楼下流水、桨声、鸭声搅成一片。于是,他诗兴大发,赋诗一首,题作《九日黄楼作》:

> 去年重阳不可说,南城夜半千沤发。
> 水穿城下作雷鸣,泥满城头飞雨滑。
> 黄花白酒无人问,日暮归来洗靴袜。
> 岂知还复有今年,把盏对花容一呷。
> 莫嫌酒薄红粉陋,终胜泥中千锹锸。
> 黄楼新城壁未干,清河已落霜初杀。
> 朝来白露如细雨,南山不见千寻刹。
> 楼前便作海茫茫,楼下空闻橹鸦轧。
> 薄寒中人老可畏,热酒浇肠气先压。
> 烟消日出见渔村,远水鳞鳞山齾齾。
> 诗人猛士杂龙虎,楚舞吴歌乱鹅鸭。
> 一杯相属君勿辞,此境何殊泛清霅。

事后,苏轼还写了一篇文章纪念这个场面,并且叫人刻在石头上。此后,苏轼时常与宾客登楼宴游,饮酒作诗。后来,他在徐州写的诗集就叫《黄楼集》。

据说,这块著名的刻石后来还引出一段颇不平凡的传奇。话说刻石刚刚完工,苏轼就遭到诬陷被贬谪,此刻石立即

被命拆毁。但当时的徐州太守只拆未毁,把它丢入附近的壕沟中。

10年后,人们都忘记了这条禁令,皇家开始收集苏轼的手稿。后来的一位名叫苗仲先的太守命人把刻石从壕沟里挖出来,连夜赶制了几千份拓本。

事成之后,他突然对同僚说:"啊,我忘啦,苏碑的禁令还没有解除呢!碑还在这儿,这不是有杀头之罪吗?赶快把它毁掉!"石碑毁坏之后,拓本的价值自然升高。这位太守为此赚了一大笔钱。

这一年的冬天,苏轼又为徐州百姓办了一件好事,那就是找到了煤。徐州没有煤可采之前,柴薪特别贵,有时候一床棉絮被还没有半捆湿柴值钱。苏轼看到这种情况,便派人四处寻找燃料,结果有人在徐州西南的土镇找到了煤。

这里煤层很厚,质量也很好。它不仅解决了百姓烧柴困难的问题,同时解决了冶铁的燃料问题,对国家、百姓都大有好处。

可是天有不测风云,到第二年春天,徐州一带又出现了严重的旱情。在徐州城东面有一座石潭,当地老百姓传说:"这座石潭的水与泗水相通,只要将虎头置于潭中,天上就会雷鸣电闪,大雨滂沱。"

于是,苏轼沐浴斋戒,虔诚地到石潭去祭祀祈雨,并写了一首诗《起伏龙行》。说来又是十分凑巧,没过多久真的下起雨来。

雨后,苏轼亲自到石潭去拜谢神灵。一路之上,他眼见雨后的农村到处呈现出一派欣欣向荣的景象,于是抑制不住自己内心的喜悦,一连写下五首《浣溪沙》词。其中第四首、第五首别有韵味:

簌簌衣巾落枣花,村南村北响缫车。牛衣古柳卖黄瓜。

酒困路长惟欲睡,日高人渴漫思茶。敲门试问野人家。

(之四)

软草平莎过雨新,轻沙走马路无尘。何时收拾耦耕身?

日暖桑麻光似泼,风来蒿艾气如薰。使君元是此中人。

(之五)

在词中,苏轼以最寻常、最普通、最不值得入咏的景物风光开笔,将自己的感叹融于其中。全词的格调清新明丽,语言自然朴实,别有一种情趣。乡野人家尚且能赠我粗茶一杯,为我解渴,我作为一城百姓的父母官,又能为他们做些什么呢?

神宗元丰二年(1079年)正月初七,苏轼又专为将官雷胜举行了一次会猎活动。雷胜是陇西人,以勇敢应募得官,为京东第一武将。他武力过人,骑射敏捷,徐州都想观看一下他的高超武艺,苏轼便决定在徐州西郊搞一次会猎活动。

在这次会猎活动中,苏轼写了两首诗,热情赞颂雷胜的豪情气概,以及"短刀穿虎阵,浅血貂裘浣"的豪迈英姿,其中一首是这样的:

儿童笑使君,忧愠长悄悄。
谁拈白接䍦,令跨金腰褭。
东风吹湿雪,手冷怯清晓。

忽发两鸣髇,相趁飞蚖小。
放弓一长啸,目送孤鸿矫。
吟诗忘鞭辔,不语头自掉。
归来仍脱粟,盐豉煮芹蓼。
何似雷将军,两眼霜鹘皎。
黑头已为将,百战意未了。
马上倒银瓶,得兔不暇燎。
少年负奇志,蹭蹬百忧绕。
回首英雄人,老死已不少。
青春还一梦,余年真过鸟。
莫上呼鹰台,平生笑刘表。

苏轼任徐州太守时,还很关心狱囚的健康和利益,在当时,几乎没有其他太守这么做。他亲自去看犯人,派郎中照顾生病的囚犯。苏轼的行为赢得了囚犯及其家属的感激与尊敬。他常说,有些小事只要有人肯做,就可以轻易做到,可惜只有苏轼这样的人才看得到。

苏轼在徐州之时,在政治上取得了令世人瞩目的成就,同时,他在诗词上的名气达到最高峰。欧阳修去世之后,苏轼成为当时的第一学者。他也许不适合当宰相,但大家公认他的声望高于百官。

关于苏轼的影响力,在民间流传着许多小故事。据说,学者章元弼很崇拜苏轼。他相貌平凡,却娶了一个美貌的妻子。婚后,太太发现丈夫整夜读苏轼的诗,不爱理她,这让她十分生气。最后,她实在忍无可忍,就对丈夫说:"原来你爱苏轼甚于爱我,那么,请你给我一纸休书吧。"无奈之下,章元弼只好照办。事后,章元弼逢人便丧气地说:"哎!我太太归家,全是因为苏轼坏了我的好事。"

苏轼后来到开封做官时,许多文人甚至仿戴他的帽子。他戴的帽子特别高,顶上窄窄的,还向前弯,后来就变成著名的子瞻帽。

有一天,苏轼陪皇帝到醴泉看戏,一个丑角在台上戴着这种子瞻帽说:"我的作品可比你们强多了!"其他丑角问:"何以见得?"丑角说:"你们没看见我戴的帽子吗?"皇帝听了会心一笑,还特意回头看了看苏轼。

苏轼担任翰林学士期间,晚上常宿禁宫中。有一个人很崇拜他,拼命搜集他的亲笔题字,常用10斤羊肉向苏轼的秘书换取一张短笺。

知道了这回事后,有一天秘书转述了一个朋友的口信,苏轼就用口头答复。秘书说:"那人坚持要你用笔答复。"苏轼便答道:"传本官的话,今日断屠。"一时弄得这个小吏好不尴尬。

在徐州时,苏轼已成了北宋文坛的领袖人物。天下很多读书人慕名而来,投奔到他门下,争相做他的学生,甚至只要一睹其风采即可。

对于这些好学的青年,苏轼都给予了细心的指导,鼓励他们上进。一个名叫黄庭坚的人,从大名府给苏轼来信,愿意投到苏轼门下,同时寄来两首《古风》诗,请求苏轼给予指教。苏轼赞许他的两首《古风》,并按原韵和了两首,一起寄过去。

著名词人秦观,学识渊博,才思敏捷过人。但由于家境贫寒,30岁了还是孑然一身。秦观也十分崇拜苏轼,在赴京参加考试的途中,特意到徐州拜访了苏轼。

苏轼见秦观的作品非寻常之辈可比,自然十分喜欢,热情款待他,这使秦观非常感动。在《别子瞻》一诗中,秦观衷

心地表达了对苏轼的崇敬:"我独不愿万户侯,唯愿一识苏徐州。"苏轼立即写了一首诗赠给他。

后来,苏轼的朋友和尚参寥来信说,秦观没能考中进士,并随信寄来了秦观所写的三首绝句。苏轼马上和了三首诗。在诗中他勉励秦观不要灰心丧气,要坚持下去。后来,秦观没有辜负苏轼的期望,于神宗元丰八年(1085年)考中进士。

多年来,苏轼在信件中一再称赞四学士,大大提高了他们的名声。这时候大家公认黄庭坚、秦观、张耒、晁补之是苏门四学士。后来苏轼又收了李方叔和陈师道两人为弟子,便成为苏门六学士。

除六学士外,当时团结在苏轼周围并受他影响的还有另一批好学之人,如李格非、李之仪、唐庚、张舜民、毛滂和孔氏三兄弟等,他们在创作上都有一定的成就。

李格非,字文叔,济南章丘人,是宋代最著名的女词人李清照的父亲。他于熙宁九年(1076年)举进士,曾以文章受知于苏轼,所著《洛阳名园记》颇为知名。哲宗时官至礼部员外郎。徽宗时,蔡京专政,打击元祐党人,他被列入旧党而遭到罢黜。

李之仪,字端叔,号姑溪居士,能为文,尤工尺牍。他于熙宁三年(1070年)举进士,元祐初为枢密院编修官,著有《姑溪居士文集》前后集共70卷。又著《姑溪词》一卷,其中《卜算子》《谢池春》颇负时名,是广为传诵的佳作。

张舜民,字芸叟,自号浮休居士,邠州(今陕西彬州)人。他是陈师道的姐夫,曾任监察御史、吏部侍郎等职,后被列入元祐党而遭贬。著有《画墁集》8卷,文笔豪健,与苏轼相近。诗学白居易,与张耒风格接近。

毛滂,字泽民,衢州人。元祐中苏轼任钱塘太守时,他恰巧也在杭州任法曹,因作《惜分飞》词受到苏轼的赏识,于是以文章典丽可备著述而受推荐。

徽宗时,毛滂先后依附曾布、蔡卞,官至祠部员外郎,知秀州,著有《东堂集》10卷。《四库提要》称其诗有"风发泉涌"之致,颇为豪放不羁,文亦大气磅礴,汪洋恣肆,在北宋末文坛自成一家。

孔文仲,字经父,临江新喻(今江西新余)人;弟武仲,字常父;幼弟平仲,字毅父,皆以文声起江西,时号"三孔",与"二苏"并称。宁宗时,临江太守王苇编《清江三孔集》40卷行世。

正因为苏轼在当时文坛上的地位和威望,日后,他被捕受审时,才引起全国士子的关注。

由于苏轼在徐州政绩卓著,受到神宗皇帝的通令嘉奖。徐州百姓对太守更是感恩戴德不尽。

元丰二年(1079年)三月,苏轼离开徐州调往湖州(今浙江湖州)任职时,徐州百姓扶老携幼,有的摆上酒宴,有的提着饭菜篮子和罐子,站立在大道两旁,为自己的太守饯行。

苏轼非常感动,他拉着一位老人的手,连声道谢。那位老人说:"前年涨大水,如果没有苏官人,我们这满城的百姓恐怕早已变成了鱼鳖。我们真舍不得让您走啊!"说着便哭了起来,一时间,不少人也跟着唏嘘落泪。

坡翁笠屐圖 餘伯寫

第四章
诗案遭贬

乌台诗案，沉着应对

元丰二年（1079年）三月，苏轼奉命调往湖州，四月二十九日到达湖州任上。湖州是一个鱼米之乡，但由于当时连续几年自然灾害严重，庄稼收成非常不好，发生了大饥荒，饿死了好多人。

苏轼到任后，看到许多城镇十分萧条，土地荒芜，无人耕种，心情非常沉痛。他认为，死了这么多的人，一方面是自然灾害造成的，另一方面同朝廷实施新法有关。掌权的大臣没有体察民情，拿不出有效的解救措施。新法中的某些政令更加重了百姓的负担，所以造成了这样凄惨的后果。

苏轼虽然满腹牢骚，但仍像在杭州、密州、徐州任职时一样，积极救灾。但他没想到，一场灾难正悄悄袭来。

当时，朝廷的政治斗争非常激烈。熙宁七年（1074年），王安石遭到保守派的攻击，被迫辞去了宰相的职务，到江宁府（今江苏南京）任知府。

王安石辞职前，向神宗皇帝建议，由韩绛代替自己做宰相，吕惠卿任副相。不料，吕惠卿是一个野心家，他投靠王安石取得了副相的职位后仍不满足。为了能做宰相，吕惠卿想方设法排挤韩绛。

韩绛察觉到了吕惠卿的意图，掂量自己是斗不过吕惠卿的，于是，就密奏神宗皇帝，请求重新起用王安石。

熙宁八年（1075年）二月，王安石被重新召回朝廷，出任宰相，吕惠卿被贬到陈州。吕惠卿为了重新掌握相权，不顾王

安石对他曾经有提携之功,把王安石写给他的私人信件交给了神宗,以获得神宗的信赖。

王安石写给吕惠卿的信件中,有的用了"无使上知"的字样,神宗觉得王安石在搞阴谋诡计,非常恼怒,一气之下,再次罢了他的宰相职务,命他永远不得返朝。

就这样,吕惠卿、李定、舒亶等奸佞之徒独揽大权,朝廷政治陷入更加黑暗的状态。

按当时的规矩,新官每到一个地方,要向皇帝上一份《谢表》,对皇帝的任命表示感谢。苏轼自然不例外,他照例向神宗皇帝呈了《湖州谢表》。

苏轼是个性情直率的人,如他自己所说,遇到不平之事,他是"如蝇在食,吐之乃已",于是他在上表中愤愤不平地写道:

> 知其愚不适时,难以追陪新进;察其老不生事,或能牧养小民。

这是在向皇帝说:

> 您知道我很笨,跟不上时代,和新进人物搞不好关系;又知道我老实守本分,也许在外郡治理老百姓还能胜任些。

李定看到这份谢表,不由得大喜,觉得修理苏轼的时机来了,立即串联了舒亶准备劾奏苏轼,准备置之死地而后快。

第二天早朝,李定把谢表交给了神宗皇帝,弹劾道:

第四章 诗案遭贬

苏子瞻说"知其愚不适时,难以追陪新进",既是反对新法,也是对皇上不满;说"察其老不生事,或能牧养小民",这不就是发泄对自己职位的不满吗?他哪里把皇上放在眼里了?

李定在奏章里还说,苏轼有四条可废之罪:

一是怙终不悔,其恶已著;二是傲悖之语,日闻中外;三是言伪而辩,行伪而坚;四是说皇上修明政事,怨己不用。

紧接着,御史舒亶又向苏轼发难。他摘录了苏轼几年来的诗句作为旁证材料,献给神宗皇帝。不用说,苏轼的有些诗句的确是在讽刺当时朝中的政客,还有些诗句是描写百姓的贫困生活,如果牵强地说是在攻击新法也未尝不可。这些白纸黑字,推是推不掉的。

再一个是御史何正臣的弹劾。他摘录了苏轼历次上给皇帝表章中的词句。这些表章,神宗皇帝本来是看过的,但被曲解之后,再读一遍,问题就出来了。

就这样,在御史的围攻下,李定等人希望皇帝下旨处死苏轼,可神宗皇帝并不想杀苏轼,他只是认为案情既然正式提出,就应该有个明确的结果。于是,神宗皇帝决定让御史台派人把苏轼拘捕入京审问。

李定得到皇帝的诏命之后,立即让太常博士皇甫遵到湖州去拘捕苏轼。皇甫遵领了圣旨,带着自己的儿子,日夜兼程向湖州进发。

话说驸马都尉王诜,本是苏轼的好友,他听到这个消息

后,立刻派人告诉在南都的苏辙。苏辙得信后,便火速派人到湖州给哥哥报信。苏辙的信早到半天,待皇甫遵到湖州的时候,苏轼已有心理准备了。

皇甫遵直奔湖州公堂,左顾右盼,气势十分傲慢。苏轼穿了官服,带着通判祖无颇等人迎了出来。皇甫遵视若无人,沉默不语。一时间,气氛紧张到了极点。

苏轼只好先开口说道:"我知道自己激怒了朝廷,今日看来难逃一死。死倒没什么,请允许我回后堂与家人道别一下。"

苏轼回到府邸向家人告别,妻子王氏哭得死去活来。此时苏轼却很镇定,看见妻子哭成这样,便风趣地说:"你难道不能像杨朴妻那样作一首诗为我送行吗?"这句话把王氏逗乐了。

原来这里面有一个典故,说的是真宗时,有一位隐士叫杨朴,非常有才能。真宗召见他,想要他出来做官,就问杨朴:"会不会作诗?"杨朴说:"不能。"

真宗知道他是不愿为官,所以故意隐藏自己的才华,于是又问:"你的朋友给你送行时,有没有人写诗给你?"杨朴说:"没有。只有老妻为我写了一首。"真宗问:"写的什么?"于是,杨朴把妻临行时写给他的诗念给皇帝听:

更休落魄耽杯酒,且莫猖狂爱咏诗。
今日捉将官里去,这回断送老头皮。

真宗听后大笑,就把杨朴放回去了。这个故事见于后世传说是苏东坡笔记的《东坡志林》,是真有其事,还是他一时杜撰,无从查考。

家人决定由长子苏迈陪苏轼进京。苏轼被押解上路,官吏们吓得不敢出来,怕牵连了自己。但是,湖州百姓齐集在河埠头上,为苏太守送行。当他们亲眼看到苏太守被押入船舱,都一齐跪下,泪如雨下,为苏太守呼冤。

船行至太湖芦香亭停宿,当晚月明如昼,碧波万顷,苏轼坐在船头沉思。御史台的两个士卒在一旁监视着,皇甫遵也在暗处窥视。

苏轼想,这次被押进京,难免入狱。入狱以后,必然要牵连不少人,还不如跳湖一死干净。皇甫遵是自告奋勇来逮捕苏轼的,他想,这回苏轼若判不了死刑,将来自己就是他的死对头。凭才能,凭威望,苏轼都比自己强得多,到那时,自己的日子就不好过了。如果苏轼能投湖自尽,就省去了许多麻烦。

苏轼又想,自己一死,弟弟必不独生,岂不害了他?退一步说,即使弟弟能忍辱偷生,两个家庭的负担落在他一个人的身上,也够他受的,自己怎么可以一死了之,害弟弟遭罪呢?还是进京后看看再说吧。于是,苏轼从船头回到舱里。

在暗处窥视的皇甫遵恨得咬牙切齿,他多么想把苏轼推入湖中,但又没有那样的勇气。

苏轼被押走后,他的家人决定进京陪侍苏轼。家人雇的船抵达安徽宿县时,御史又派差官去搜查苏轼的诗篇、信函和其他文件。

许多兵士围住苏轼家人的小船,翻箱倒柜,把东西随处乱丢,女人和孩子都吓坏了。士兵们走后,女人们迁怒于诗稿,于是开始焚烧文稿。后来,苏轼发现,只剩三分之一的文稿没被烧掉。

按御史台的提议,苏轼每到一个地方,要把他投入当地的监狱中关押,第二天上路时再提出。但是,神宗皇帝没有批准。他认为,拘捕苏轼,只是为了审理,在定罪之前,不能作为囚犯

处理。所以,一路上,苏轼的行动还算自由。另外长子苏迈跟在他的身边,也可以帮助他处理一些事务。

御史台自汉代以来,就被称为"乌台"。因为当时御史台的囚室外有两棵柏树,高大阴凉,无数的乌鸦筑巢于此。也有人认为是因为冤魂太多,乌鸦才盘旋不散,鸣其哀也。

苏轼于七月二十八日被捕,八月十八日被解到京城,并没有如他预料的那样见到皇帝,而是直接被关押在了御史台的监狱里。

这间囚室狭小、阴暗、潮湿,屋顶开了一个小小的天窗,日影缓缓从其中移过。朝来暮去,可以听见成群的乌鸦在御史台外的柏树上聒噪。因此,苏轼的这次含冤受审,被后人称作"乌台诗案"。

之后,苏轼要么日夜被御史台的人讯问,要不就是被困在这囚牢里。狱中诸吏都是一副凶神恶煞的模样,不过有个别例外,有个狱卒叫梁成,对待苏轼很温和,还设法让苏轼每天晚上都有热水可以泡泡脚,这也算是苦难中难得的安慰了吧。

这期间,京城的政治气氛非常紧张。自王安石再次离京之后,朝中一直保持着微妙的平静。苏轼被捕,使平静的湖水骤起波澜,各种潜藏的势力都跳出了水面,准备借这件公案试探皇帝的态度,以便调整自己的政治态度。

宰相吴充对神宗皇帝说:"我听说,三国的时候,即使像曹操那样爱猜忌的人,都能容忍祢衡。皇上平常以尧舜为榜样,岂能连苏轼都容不下?"

王安石的弟弟王安礼对神宗皇帝说:"自古以来,凡是度量大的君主,决不以言语来定臣子的罪。若对苏轼处理过重,恐怕后世要笑陛下不能容才呢!"

王安石虽然对苏轼反对自己变法一事不满,但他对李定等人的做法非常鄙视。为此,他在千里之外的金陵,专门上了一道奏折给皇帝,说:"凡是天下太平的时候,决不能随便杀戮有才能的人。"王安石是神宗器重的人,虽已隐退,但这话仍很有作用。

苏轼在狱中,儿子苏迈天天去牢中送饭。他们暗中约定,平时只送菜和肉,万一有坏消息就送鱼来。有几天,苏迈出京借款,委托一位朋友代他送饭,临走却忘了告诉他这一秘密约定,结果这位朋友送给苏轼了一些鱼。

苏轼以为难逃一死,写了两首告别诗给苏辙,诗中委托弟弟照顾自己的家人,还感谢皇帝对自己的恩情。这两首诗后来被狱卒上交,皇帝见了之后,大受感动,所以御史虽施高压,给苏轼造成极不利的局面,皇帝最终释放了苏轼。这两首诗,可以说起了很大的作用。

审讯大约在十月初终结,证言交到皇帝手中。牵连的人不少,尤其驸马王诜牵涉最重。审讯中,发现他和苏轼交换过许多礼物。皇帝下令,与苏轼有诗信来往的人都要把手边的诗文交给御史台调查。

这时候,一向支持苏轼的仁宗太后病死了。她临终前对皇帝说:

> 我记得当初苏轼兄弟中进士,仁宗先皇曾高兴地对我们说,他那天为子孙得到两个相才。我现在听说苏轼因写诗而获罪,我想这是小人陷害他;他们在他的政绩上挑不出毛病,就想用他的诗来定罪。这些控告不是太卑鄙了吗?我的身体已无法康复,希望你不要冤枉无辜,那样上天会动怒的。

十月三十日,审问的官员们做了一份案情摘要呈给皇帝。由于太后殡葬,案件搁置了很久。

据笔记记载,苏轼在牢中等候判决时,曾发生一件神秘的事情。几年之后,苏轼对朋友们谈起这事,他说:

> 审问结束后的一天夜里,我正要睡觉,突然一个人进入牢内。他一言不发,丢了一个小盒子在地板上,倒头就睡。我以为是别的囚犯,便没理他,径自睡了。睡到凌晨时分,我觉得有人推我,睁开眼来,那个人对我说:"恭喜。"我问他怎么回事,他只说:"好好睡,别担心。"说完就拿着盒子出去了。

原来,舒亶等人一直想办法劝皇帝杀苏轼,神宗皇帝不忍心,就暗地里派宫里的人到狱中去查看。那个人刚到不久,苏轼便呼呼大睡,鼾声如雷。后来,那个人回去向神宗皇帝报告说,苏轼睡得很安详。

皇帝便对朝臣说:"我知道了,苏轼没做亏心事。"通常皇家出殡总要大赦天下,依照法律和习俗苏轼应该减罪。御史们原先准备把反对派一网打尽,这样一来,他们的心血全白费了。李定和舒亶十分担心,李定强烈地反对特赦苏轼,舒亶更是要求把苏轼和他的几个朋友全都处死。

等苏轼的朋友交出的证物都调查完毕,神宗皇帝派了自己信任的人重审。根据有关留传下来的资料看,诽谤朝廷本该贬居或处两年的苦役,但苏轼的情况较严重,应该取消他的两个官衔。不过,这种重大的案件最后会由皇帝亲自判决。

十二月二十九日,苏轼的判决公布,他被贬到鄂州府附近的黄州,担任团练副使的小官职,条件是限住该处,不得随便离开,也无权签署公文。这样的判决,令李定和舒亶大失所望。

与此同时,苏辙上书给皇帝,愿以一切官爵来替哥哥赎罪。结果他被降调高安担任筠州监酒,高安离黄州160里。

就这样,苏轼被关了4个多月后,走出监狱,他做的第一件事是提起笔写诗:

平生文字为吾累,此去声名不厌低。
塞上纵归他日马,城东不斗少年鸡。

这首诗里,塞翁失马和少年斗鸡的典故,依然带有双关和讽刺意味。难怪苏轼写完诗后,忍不住说:"我真是无可救药了!"正所谓江山易改,本性难移呀!

被苏轼一案牵连的人,分别受到了处罚,王诜、王巩和弟弟苏辙,都受到了贬官处分;张方平等两人各被罚铜30斤;司马光等18人被各罚铜20斤,乌台诗案至此宣告结束。

被贬黄州,逆境乐观

贬官与任职不同,任职可以慢慢走路,贬官得即时起程。苏轼不敢怠慢,稍微收拾一下便往黄州进发。

元丰三年(1080年)正月初一日,苏轼带着21岁的长子苏迈离开京城,前往谪居地黄州。他们走陆路,把家眷交给苏辙照管。

苏轼的好友文同去年在陈州任所病逝,他的家眷还留在陈州居住,文同的灵柩也寄放在那里,暂时没有送回蜀中

安葬。

老友离开人世的时候，自己没能赶去相送，苏轼一直惦念着，这次从京城去黄州贬所，他便借道陈州，一了夙愿。苏轼兄弟俩便相约在陈州相见。

劫后余生，兄弟俩在异地重逢。拜别了文同的家人后，苏氏兄弟再次分别。一向沉默寡言的苏辙眼中满是担忧，絮絮叨叨嘱托兄长从此千万要谨言慎行，尤其笔墨文字，切切要避免是非。苏轼都郑重地一一答应。

苏迈陪同父亲苏轼风雪兼程，渡过淮河，向黄州一路行来。离黄州越近，春天的气息就越浓。山路边，梅花开得正好。抬眼处，草色点点转绿。

这天，离黄州约有两天的路程，一行人正在赶路时，苏轼忽然隐隐约约听到有人在高声呼唤自己的字："子瞻，子瞻。"他循声望去，就见山上之上有人骑着马飞奔下来，穿过梅树，转眼间来到几个人面前。

苏轼大喜过望，来人竟是多年不见的好友陈慥。前不久，陈慥听说苏轼要打这里经过，便特意赶到歧亭附近等候迎接。乍一见面，两人都是一脸惊愕，悲喜交加，陈慥没有料到苏轼会落魄至此。

陈慥，字季常，是陈公弼的儿子。远在苏轼签判凤翔的时候，陈公弼曾经担任凤翔太守，是苏轼的顶头上司。原来两人关系不好，后来由于苏轼作《凌虚台记》，两个人的关系有所改善。

陈慥性情豪迈，喜欢做游侠，仗剑江湖，闹市呼醉。苏轼从没有想过会在这穷乡僻壤遇见他，而且他居然已经隐居山间多年。李定等人之所以要朝廷把苏轼贬居黄州，有他们自己的目的。那就是，他们听说苏轼的"仇人"陈慥正在黄州北面的麻城歧亭隐居。这个陈慥在当地很有势力,李定等想借他的手除掉苏轼。

李定他们并不知道详细情况,只是在审案中得知:当年,陈公弼曾经罚了苏轼20斤铜,苏轼也曾向皇帝上书揭发陈公弼。后来陈公弼因贪污嫌疑案削职为民,郁郁而死,于是,李定等便认为他们两家肯定是仇敌。

其实,陈慥与苏轼的关系很好。苏轼随陈慥来到他的宅子,环顾陈家简陋的小屋,原来陈慥不知从哪儿张罗来了一桌酒食。两人更不多话,直截入座筛酒,攀谈起来。当晚,苏轼醉眠在陈慥家里。

元丰三年(1080年)二月初一日,苏轼父子到达黄州。黄州是长江边的一座小镇,在当时还是十分荒僻冷落的地方。

这期间,苏辙带领自己一大家人和苏轼的家人,辗转数月,到达九江。然后他让自己的家人等着自己,他则上溯长江,把苏轼的夫人王闰之、侍妾王朝云和两个小儿子送到苏轼身边。苏轼二月一日已到黄州,他的家人四月才到。

苏轼刚到黄州时,人地生疏,借住在城东南的定惠院。定惠院是一座寺庙,冷冷清清,苏轼正好可以过一种离群索居的生活。苏轼在黄州的身份是一名罪官,他既不愿别人因为亲近他而遇到什么麻烦,也不愿面对他人鄙视或同情的眼光,于是索性闭门谢客。

定惠院东边有一座小小的山坡,长满了花草树木。苏轼无所事事时,便在那里漫游。有一天,他竟然在杂花之中发现了一株海棠。海棠花娇贵明丽,苏轼看见它的那一刹那,忽然觉得那些灿烂的桃李都失去了颜色。

他想,这不是蜀地才有的海棠吗?是什么人将它移植到这荒僻的江城来的呢?说不定是鸟儿将它的种子从千里之外

衔来，无意中掉落在这山坡上的吧？

想到这里，苏轼不由得生出一份自怜自艾的心情来。唉，自己何尝不像这海棠一样，都是自蜀中流落到这里。自己才华超逸，品行高洁，却只能独抱幽怀，谪居黄州，真可谓"同是天涯沦落人"啊！

回到居处后，苏轼便写了好几首歌咏海棠的诗，隐晦地表达了他落寞的心情。其中一首诗写道：

东风袅袅泛崇光，香雾空蒙月转廊。
只恐夜深花睡去，故烧高烛照红妆。

定惠院里晨钟暮鼓，涤荡着苏轼漂泊的心灵。他还常常到附近的安国寺的禅房里静坐参禅，希望能借助佛学的力量解脱内心的痛苦。

王齐愈和王齐万兄弟俩是苏轼的老乡，客居在长江对岸的东湖。听说苏轼被贬到了黄州后，王齐万特意过江来探望。虽然只相聚了半天，苏轼心中已经非常感动。之后，苏轼送王齐万上船，两人依依相别。

苏轼住在寺庙里，亲近佛学，广泛阅读佛经，不过他并不以佛教徒自居，他几乎天天到酒肆里打酒。

在对岸樊口开酒坊的潘丙，是一位举人，因为老考不上进士，于是绝了功名仕途的念头，开了一家小酒坊为生。一来二去，苏轼就和他成了朋友。

只要苏轼在小店里的老位子坐下，潘丙便将酒摆开，两人话不多，就是喝酒。渐渐地，潘丙的许多朋友也和苏轼熟悉起来，遇上了总是要喝上两杯。

特别是卖药的郭遘和农夫古耕道最爱和苏轼套近乎，苏轼也爱和他们讲些稀奇古怪的见闻,有时则听他们讲些街面上的事。有时他们就在江边比赛掷石子,打水漂。

长江对岸的武昌太守朱寿昌常过江来看望苏轼,苏轼曾有一首《满江红》词赠给他:

> 江汉西来,高楼下、蒲萄深碧。犹自带、岷峨雪浪,锦江春色。君是南山遗爱守,我为剑外思归客。对此间、风物岂无情,殷勤说。
> 江表传,君休读。狂处士,真堪惜。空洲对鹦鹉,苇花萧瑟。不独笑书生争底事,曹公黄祖俱飘忽。愿使君、还赋谪仙诗,追黄鹤。

这首词以辞气慷慨见长,一种苍凉悲慨、郁愤不平的激情在字里行间涌流,我们可以体会出苏轼被贬黄州初期复杂矛盾、无法平静的内心世界。

苏轼在定惠院只住了3个月左右的时间,因为他必须给即将到来的家人布置好安身之地,这可难坏了苏轼。不过黄州太守非常尊敬苏轼,对苏轼十分热情,非但没有为难他,反而处处给予力所能及的照顾。

太守将驿站临皋亭分拨给苏轼居住。临皋亭是官府要员来往黄州时居住的驿站,苏轼作为一名罪官,本来是没有资格住在那里的,显然太守帮了他的大忙。

临皋亭就在长江边上,推开窗户,便是滔滔江水。后来苏轼多次描写临皋亭"白云左绕,清江右洄,重门洞开,林峦坌入",这个宅子虽然很小,却与天地自然浑然天成,令苏轼大喜过望。能把家安在临皋亭这么一个高旷美丽的地方,对烦闷的苏轼而言,无疑是件好事。

不久，苏辙把哥哥的家眷护送到黄州。一番离乱之后，苏轼与家人再次团聚。苏辙在黄州住了几天，兄弟俩相伴出游。黄州没有什么名胜古迹，但山山水水有自然的风韵。此外，兄弟俩还到对江武昌的寒溪西山游玩了一番。

这期间，鄂州知州徐大受也常常来访。他对待苏轼丝毫没有上级的架势。因为总是听到苏轼抱怨没有好酒，他就常送些美酒过去，两人的相处渐渐变得像朋友那样轻松。

徐大受非常懂得享受生活，家中有几个美丽的歌女。徐府里时常摆下筵席，听歌赏舞，一定会邀请苏轼。笙歌绕梁，酒香盈庭，熏炉中轻烟徐徐升上来，渐渐散开，几盏纱灯高悬，庭中亮如白昼，却也夹了几分朦胧之感。这一切，多少能给苏轼带去片刻安慰。

有时，苏轼会写信给在歧亭的陈慥，邀请他到家里做客。在信中，苏轼有点儿为客人的住宿担心，说临皋亭的宅子很小，只剩下一间空房间可以安顿客人，如果太阳太毒的话，可以考虑到附近的承天寺借宿。另外，门前江边停泊的大船上也可以考虑将就几晚。

陈慥对此一点儿都不在意，他们饮酒畅谈，时常笑声不断。就这样欢聚了10天，才尽兴而散。苏轼谪居黄州4年多，陈慥就来过7次。苏轼往歧亭探访他也有3次。

田园耕作，取号"东坡"

与朋友相处，苏轼慢慢恢复了开朗的性情，而生计的问题逐渐紧迫起来。从仁宗嘉祐六年（1061年）任凤翔签判开始，到神宗元丰二年（1079年）在湖州任上被捕，苏轼做了18年的官。宋朝文官的俸禄不低，只是苏轼书生意气，没什么金钱概念，不善理财，家中人口又不断增加，所以手中一向没多少积蓄。

自他被贬谪以来，原来还算丰厚的收入断了，只能领一份很少的口粮。所有的家底集中起来，大概只够支撑一家人一年的生活，于是他开始为生计犯愁。

不久，一位姓蔡的淮南转运使巡视辖地黄州，他特地到临皋亭看望苏轼，考虑到苏轼一大家子挤在几间小房子里很不合适，便命人在驿馆附近又造了三间房子拨给苏家居住，苏轼称这三间新屋为"南堂"。

苏轼一家的生活还是一天比一天困顿。他在给秦观的信中说："我们每天的生活费控制在150钱之内。每月初一，便取出4500钱，分成30串，挂在屋梁上。每天用叉挑下一串来，用不完就用竹筒装起来。如果有宾客来，就添入当天使用。"

一天，苏轼和来黄州看望自己的老朋友马梦得说起这件事。马梦得立刻为之奔走。黄州的东面有几十亩荒地，那里原来是座营防废址，如今房屋倒塌，土地荒芜，杂草丛生。马正卿向黄州太守徐君猷要求把这块荒地拨给苏轼，这本来是一块无用之地，徐太守很快便答应了。

从此，苏轼开始开垦东坡，并为自己新取了一个别号"东坡居士"，人们便称他为"苏东坡"了。他计划把东坡建成一座小农庄，参与东坡垦荒的人除了苏轼的家人、童仆，还有几位朋友。周围的百姓也有不少前来支援。

家童烧掉枯草，惊喜地报告苏轼，发现了一口老井。于是，大家疏通老井，发现有清泉流出。苏轼大喜过望，心想，有了这口井，就不怕来年干旱了。

霜降前后,麦苗种下去了。不久,坡地上青青一片。每天,苏轼得意洋洋地在田间巡视。一天,一个老农踱过来,哼了一声,撇了撇嘴就走。

苏轼一看,神色不对,赶紧请老农留步。这老头指着麦田,带着几分嘲讽说:

> 远看一片青,近看草根根。
> 明年无麦打,只好一犁耕。

苏轼一想,这是懂行的农夫在传授经验了,赶紧又问:"那怎么办呢?"老农说,麦苗刚出的时候要任牛羊践踏,开春后,新的麦苗长出,才有可能获得丰收。

这真是奇怪的方法,但苏轼还是照着做了,牵出耕牛,任它踩踏麦苗。可不久,苏家的耕牛生了一种叫作"豆斑疮"的病,苏轼着急得不行,幸亏王夫人记得家乡的一种偏方,治好了牛的毛病。

第二年,即元丰四年(1081年)二月,苏轼又在东坡盖了房子。因为房子是在大雪中竣工的,所以称"东坡雪堂"。苏轼亲手写了四个大字作为匾额。另外,还在墙上画了一幅有森林、河流、渔夫的雪景壁画。后来,这里变成他待客的地方。

他在雪堂的墙壁和门板上写了32个字,日夜观赏。内容是四道警语:

> 出舆入辇　蹶痿之机　洞房清宫　寒热之媒
> 皓齿蛾眉　伐性之斧　甘脆肥浓　腐肠之药

雪堂的石阶下有一座小桥跨沟而过。除了雨天,平常小沟都是干的。雪堂东面,是他亲自种的一棵大柳树,再过去是一个小井,泉水冷冽。东面下方是稻田、麦田、一大排桑树、菜蔬和一个大果园。苏轼还把附近一个朋友送他的茶树种在农场上。

远景亭在农舍后方,立在一堆土岗顶,四处风光一览无遗。他的西邻姓古,有一大片巨竹,长得十分茂盛,连天空都遮住了,苏轼夏天就在那儿乘凉。

搞建筑是苏轼的爱好,他决心为自己造一个舒舒服服的家。他筑水坝,造鱼塘,种了朋友送来的花木、邻居送来的树苗和故乡来的菜蔬,他的精力全用在做农夫上。他看见成熟的水稻,心里充满自豪与满足。

画家米芾这时只有22岁,他听说苏轼盖成了东坡雪堂,便特地赶来,为苏轼画了一张像。孝宗乾道六年(1170年)十月,即苏轼死后近70年,诗人陆游来参观东坡雪堂时,还曾见到堂中悬挂着这幅画像。这张像上的苏轼,头戴黑帽,身穿紫袍,手拿一根竹竿,倚着一块大石头,正呼呼大睡。

经过一年劳动,苏轼学到了不少生产知识,如树木的种植、蔬菜的栽培,以及麦苗要在冬天让羊稍微啃一啃,第二年才能丰收等。

苏轼很讲究饮食,刚到黄州的时候就想到这地方靠近长江,鱼虾鲜美而且易得。安定下来以后,自然要琢磨琢磨烹调的妙招。

苏轼擅长做的菜肴是鱼羹和红烧猪肉,他烧出来的猪肉色泽红艳,酱香浓郁。后来他的烧制方法在杭州流传开来,被人们称作"东坡肉",直到今天都是有名的佳肴。

不过,当时黄州人似乎不太喜欢以猪肉为食,倒是鱼羹更受欢迎。黄州的鱼本来很便宜,苏轼却不能经常吃,于是他

发明了一种菜羹,就是用菘菜、芦菔、荠菜等一锅煮了,要诀在于要放点儿姜和米,大概有消除辛和涩的作用,吃起来滑嫩一些。他的朋友很喜欢,这道菜式就在黄州城流传开了,名字依苏轼的号叫"东坡羹"。

游山玩水,写《赤壁赋》

在黄州这种乡村环境里,苏轼觉得自己能种种吃吃,爱游玩就去游玩,生活越来越像陶渊明。他感到自己能这样做一个不为官府赋税所累的人,就算有福了。

解决了生活问题之后,心胸旷达的苏轼过上了自由自在的生活。他名义上是团练副使,实际上是到黄州服罪,什么事也不管。每天吃饱没事,便游游山、玩玩水,这里走走,那里逛逛。

东坡雪堂修好以后,他经常来往于雪堂和临皋亭之间,因为那条路上净是黄色泥土,人们称之为黄泥坂。他穿上普通的农民衣服,经常喝得醉醺醺的。时间一长,当地的百姓都认识他,都很喜欢他。

有一天,他喝醉后躺在路边的草地上睡觉。傍晚的时候,一个牧童赶着两头牛和一群羊过来,在旁边耕作的农民赶快跑到苏轼的旁边守护着他。要不然,牛羊从他身上践踏过去,那可就够受的了。

牛羊离开后,那农民把他叫起来,说:"快醒醒吧,牛羊差一点儿踩到你呢!"苏轼睁开睡眼,看着刚刚走过去的牛羊群,连忙道谢。

他感谢淳朴的农民对自己如此关心,也笑自己的行为过分放旷。回家后,他便写了一首《黄泥坂词》把这件事记录下来,作为纪念。从此,这条一里左右的乡道,成了人们最爱称道的地方。

这一时期,苏轼在东坡生活得满意自适,有似晋代诗人陶渊明田园生活一般。他有一首词,记载了这种情景:

> 陶渊明以正月五日游斜川,临流班坐,顾瞻南阜,爱曾城之独秀,乃作斜川诗,至今使人想见其处。元丰壬戌之春,余躬耕于东坡,筑雪堂居之,南挹四望之后丘,西控北山之微泉,慨然而叹,此亦斜川之游也。乃作长短句,以《江城子》歌之。
>
> 梦中了了醉中醒。只渊明,是前生。走遍人间,依旧却躬耕。昨夜东坡春雨足,乌鹊喜,报新晴。
>
> 雪堂西畔暗泉鸣。北山倾,小溪横。南望亭丘,孤秀耸曾城。都是斜川当日景,吾老矣,寄余龄。

有些乐趣只有诗人居士才能享受。陶渊明辞官归隐,曾写了一首《归去来兮辞》。苏轼每天在田里耕作时,重组其中的字句,配上民歌。他教家人唱,自己也一起唱,还用竹枝敲击着牛角打拍子。

当时,有不少朋友去看他,他的诗文中记载了不少和朋友一块出游的情形。

三月七日,苏轼到黄州东南的沙湖去游览。那是一个风景优美的地方,同行的有不少人。不巧,路上遇到了大风雨。同行的人急忙跑着去寻找避雨的地方,而苏轼却穿着草鞋,拄着一根竹竿,不慌不忙地走路。

事后,别人问他为什么不躲一躲,他回答说:"刮风下雨

只是一时的事,很快就会过去,而且雨后必然是晴天,何必躲呢?再说,在风雨里走走,也是一种乐趣,可以使你醒酒哩!"

同行的人品味着他的话,觉得他这是在说自然的风雨,同时又似乎是在说政治的风雨。回来以后,苏轼写了一首《定风波》词作为纪念:

莫听穿林打叶声,何妨吟啸且徐行?竹杖芒鞋轻胜马,谁怕?一蓑烟雨任平生。
料峭春风吹酒醒,微冷,山头斜照却相迎。回首向来萧瑟处,归去,也无风雨也无晴。

接着,他又去了蕲水(今湖北浠水)的清泉寺。清泉寺面临兰溪,河水向西缓缓流淌。要知道,我国大多数的河流都是向东流的,而兰溪却有一段是向西流的。

于是,苏轼在《浣溪沙·游蕲水清泉寺》词中表现了他虽处困境,但仍对前途充满信心:

山下兰芽短浸溪,松间沙路净无泥,潇潇暮雨子规啼。
谁道人生无再少?门前流水尚能西!休将白发唱黄鸡。

这年五月,苏辙又从筠州来到黄州看望哥哥。在言谈之中,苏辙劝苏轼要注意择友。苏轼笑着说:"我可能无可救药了。在我眼里,上至王公贵族,下至平民百姓,没有一个不是好人,还有什么可以选择的呢?"

苏辙说:"你总以君子之心度人,但不会忘了害人之心不可有,防人之心不可无这句话吧!"

几天后,苏辙要回筠州去了。临走的时候,苏辙再次提醒苏轼说话要谨慎,以免不小心再惹祸患。苏轼没有直接回答,只是不住地点点头。

弟弟走后,没几天,苏轼又恢复了乐乐颠颠的状态。一天晚上,苏轼与几位客人在江上饮酒。夜渐渐深了,只见江水风平浪静,一望无垠,水天相连。苏轼顿时来了兴致,趁着酒兴写了一首《临江仙·夜归临皋》:

夜饮东坡醒复醉,归来仿佛三更。家童鼻息已雷鸣。敲门都不应,倚杖听江声。

长恨此身非我有,何时忘却营营?夜阑风静縠纹平。小舟从此逝,江海寄余生。

苏轼和几位客人在船上,将这首词放声大唱了几遍,然后兴尽而散。第二天一早,黄州城到处传说,昨天夜里,苏东坡在江上作了一首《临江仙》词。词中说:

小舟从此逝,江海寄余生。

他在船上一边吟唱,一边跳舞,然后就像东晋大诗人陶渊明一样,把乌纱帽和官服往江边的树上一挂,驾着小船,长啸而去。

这件事一传十,十传百,越传越奇,顿时成了黄州一件奇闻。有人说亲眼见苏轼驾舟而去,有人说苏轼驾万道霞光而去,有人说苏轼骑鹤而去了。

黄州太守徐君猷听到这个消息以后,顿时大吃一惊。如

果像苏轼这样的罪人从黄州逃跑了,自己罪过可就大了。于是,他急忙命人驾车赶去苏轼住所临皋亭去看个究竟,只见苏轼鼾声如雷,在床上还没睡醒呢!

七月十六日,蜀州的道士杨世昌到黄州来看望苏轼。好长时间没有见到家乡来人了,苏轼热情置酒款待。

酒菜摆在一条小船上,小船泛游在江面上。入夜,万里无云,皓月当空,清风慢慢地吹来,赏心悦目,沁人肺腑。月亮越升越高,然后慢慢地向西移动。江面上升起一层水雾,弥漫开去,水色接着天色,渐渐地连哪里是水哪里是天都分不清了。

两人喝酒、吟诗、谈古论今,直到深夜,都有几分醉了,连杯盏都顾不得收拾,便靠着船睡着了。等他们醒来的时候,天已经大亮。回家后,苏轼把这次月下泛舟长江的情景写了一篇散文,这就是著名的《前赤壁赋》:

壬戌之秋,七月既望,苏子与客泛舟游于赤壁之下。清风徐来,水波不兴。举酒属客,诵明月之诗,歌窈窕之章。少焉,月出于东山之上,徘徊于斗、牛之间。白露横江,水光接天。纵一苇之所如,凌万顷之茫然。浩浩乎如冯虚御风,而不知其所止;飘飘乎如遗世独立,羽化而登仙。

于是饮酒乐甚,扣舷而歌之。歌曰:"桂棹兮兰桨,击空明兮溯流光。渺渺兮予怀,望美人兮天一方。"客有吹洞箫者,依歌而和之。其声呜呜然,如怨如慕,如泣如诉,余音袅袅,不绝如缕。舞幽壑之潜蛟,泣孤舟之嫠妇。

苏子愀然,正襟危坐而问客曰:"何为其然也?"客曰:"月明星稀,乌鹊南飞,此非曹孟德之诗乎?西望夏口,东望武昌,山川相缪,郁乎苍苍,此非孟德之困于周郎者乎?方其破荆州,下江陵,顺流而东也,舳舻千里,旌旗蔽空,酾酒临江,横槊赋诗,固一世之雄也,而今安在哉?况吾与子渔樵于江渚之上,侣鱼虾而友麋鹿,驾一叶之扁舟,举匏樽以相属。寄蜉蝣于天地,渺沧海之一粟。哀吾生之须臾,羡长江之无穷。挟飞仙以遨游,抱明月而长终。知不可乎骤得,托遗响于悲风。"

苏子曰:"客亦知夫水与月乎?逝者如斯,而未尝往也;盈虚者如彼,而卒莫消长也。盖将自其变者而观之,则天地曾不能以一瞬;自其不变者而观之,则物与我皆无尽也,而又何羡乎!且夫天地之间,物各有主,苟非吾之所有,虽一毫而莫取。惟江上之清风,与山间之明月,耳得之而为声,目遇之而成色,取之无禁,用之不竭,是造物者之无尽藏也,而吾与子之所共适。"

客喜而笑,洗盏更酌。肴核既尽,杯盘狼藉,相与枕藉乎舟中,不知东方之既白。

关于赤壁之战,据《三国志》记载:东汉献帝建安十三年(208年),曹操率领近20万大军南下,虎视江东。于是,孙权、刘备结成联盟,对抗曹操,阻止其并吞天下的野心。联军委任周瑜为都督,统军5万,陈兵于江南赤壁,与曹军隔江对峙。后来,在诸葛亮的协助下,利用反间计、苦肉计火烧曹军战舰,曹操大败。赤壁之战后,形成了曹魏、刘蜀、孙吴三足鼎立的局面。

赤壁之战的赤壁,在今湖北赤壁市西北角。苏轼所游所写的"赤壁",是黄州西北角突入大江的一个山脚,因石色发红,当地人叫作"赤鼻矶",后人便误认为这里便是赤壁之战的赤壁。苏轼知道这里的赤壁只是个传说,所以在《念奴娇》词里他写道:"故垒西边,人道是,三国周郎赤壁。"他不是写史,

只是借题发挥而已。因此,后人就将黄州赤壁称作"东坡赤壁"了。

半月之后的一个傍晚,苏轼再次游览了赤壁。由于气候不同,景色与上次大不相同了。面对江风残月,苏轼想,赤壁之战中战败的曹孟德被东去大江湮没了,建立了不朽功勋的周瑜,又何尝不是被东去大江湮没了呢?

回来以后,他又写了一首词,记录他的这种心情,这就是流传后世的《念奴娇·赤壁怀古》:

大江东去,浪淘尽,千古风流人物。故垒西边,人道是,三国周郎赤壁。乱石穿空,惊涛拍岸,卷起千堆雪。江山如画,一时多少豪杰!

遥想公瑾当年,小乔初嫁了,雄姿英发。羽扇纶巾,谈笑间,樯橹灰飞烟灭。故国神游,多情应笑我,早生华发。人生如梦,一樽还酹江月。

这首词有叙有议,有景有情;怀古伤今,慷慨激昂;气势磅礴,一泻千里,被后人誉为千古绝唱,是豪放词的代表之作。

这年十月十五日,苏轼和两个朋友又一次泛舟赤壁。几个人带上酒和鱼,坐船去到赤鼻矶。冬天江水水位低,岸边的岩礁都露出了水面,山崖更显得陡峭险峻,与夏天看到的景致大不相同。

苏轼挽起衣袍,径自登岸。朋友都不想冒险,留在船中。岸上山石形状怪异,地势陡峭,行走其间十分艰难。苏轼拨开草木,一步一步登上崖顶。

他仰头凝视夜空,明河在天,月光那么明亮,直直地照进眼中。江风猛烈地掀起他的袍袖,苏轼长啸一声,声音激荡在

第四章 诗案遭贬

山中,林木深处传来隐隐的回声。

苏轼遥望着脚下的长江,见江水似乎激荡起波涛,波翻浪涌,心中悲愁,不敢久立。便回到船上,解开系缆,任由小船随波荡漾,无论要漂流向何方,都不再放在心上了。

夜深了,万籁俱寂,忽然一只鹤飞过来,优雅地扇动黑色的双翅,乌溜溜的羽翼有一刹那遮住了银色的月光,擦过船舷,倏忽而逝。如果不是尖锐的鹤鸣声还在江面上回荡,苏轼几乎要怀疑刚才的鹤影是自己的错觉了。回来后,他又作了一篇散文,即《后赤壁赋》:

是岁十月之望,步自雪堂,将归于临皋。二客从予过黄泥之坂。霜露既降,木叶尽脱,人影在地,仰见明月,顾而乐之,行歌相答。已而叹曰:"有客无酒,有酒无肴,月白风清,如此良夜何?"客曰:"今者薄暮,举网得鱼,巨口细鳞,状如松江之鲈。顾安所得酒乎?"归而谋诸妇。妇曰:"我有斗酒,藏之久矣,以待子不时之需。"于是携酒与鱼,复游于赤壁之下。江流有声,断岸千尺,山高月小,水落石出。曾日月之几何,而江山不可复识矣!

予乃摄衣而上,履巉岩,披蒙茸,踞虎豹,登虬龙,攀栖鹘之危巢,俯冯夷之幽宫。盖二客不能从焉。划然长啸,草木震动,山鸣谷应,风起水涌。予亦悄然而悲,肃然而恐,凛乎其不可留也。反而登舟,放乎中流,听其所止而休焉。

时夜将半,四顾寂寥。适有孤鹤,横江东来。翅如车轮,玄裳缟衣,戛然长鸣,掠予舟而西也。须臾客去,予亦就睡。梦一道士,羽衣翩跹,过临皋之下,揖予而言曰:"赤壁之游乐乎?"问其姓名,俯而不答。"呜呼!噫嘻!我

知之矣。畴昔之夜,飞鸣而过我者,非子也耶?"道士顾笑,予亦惊寤。开户视之,不见其处。

身处江湖,心忧天下

苏轼在贬官黄州期间,常常裹着粗布头巾,穿着草鞋,和农夫野老在田间村头谈天说地,因此对民间疾苦有了更加真切的了解,并通过写诗将其反映了出来。

特别是在《鱼蛮子》诗中,苏轼详尽地描述了渔民的悲惨境遇:

> 江淮水为田,舟楫为室居。
> 鱼虾以为粮,不耕自有余。
> 异哉鱼蛮子,本非左衽徒。
> 连排入江住,竹瓦三尺庐。
> 于焉长子孙,戚施且侏儒。
> 擘水取鲂鲤,易如拾诸涂。
> 破釜不著盐,雪鳞芼青蔬。
> 一饱便甘寝,何异獭与狙!
> 人间行路难,踏地出赋租。
> 不如鱼蛮子,驾浪浮空虚。
> 空虚未可知,会当算舟车。
> 蛮子叩头泣,勿语桑大夫。

鱼蛮子并不是蛮子,只是长得丑陋又矮小而已。他们家无完物,锅都是破的,连盐都没有,完全靠鱼和蔬菜为生,过着水獭和猴子一样的生活。但比起那些受尽"赋租"之苦的农民来,鱼蛮子竟能逃脱赋税,这不是地狱中的天堂吗?鱼蛮子担心这种天堂生活的失去,怕渔舟也要征赋,因此才反复哀求苏轼,不要把他们的情况告诉那些逐利大臣。这是一幅多么悲惨的图画啊!

由于赋税繁重,加上连年灾荒,老百姓养不起儿女,当时溺婴现象很严重。父母不忍心溺其亲生儿女,往往含着眼泪,紧闭双目,背过身子,把婴儿捺入盆中,只听见哇哇啼叫,婴儿挣扎很久才死去。这使苏东坡深感痛心。

苏东坡为了挽救这些新生婴孩的生命,拿出自己不多的钱,成立了一个救儿会,请心肠慈悲、为人正直的读书人担任会长。救儿会向富人募捐,请富人每年捐助十缗铜钱,多捐随意,用此钱买米、买布、买棉被,为救助婴孩之费用。无论何时何地,苏轼总是在关心民间疾苦。我们也要像他那样多献爱心,帮助那些需要帮助的人。

苏轼还派人到各乡村调查贫苦的孕妇,她们若应允养育婴儿,则赠予金钱、食物、衣裳。这么一来,就解除了很多贫苦家庭抚养孩子的后顾之忧。苏东坡说,如果一年能救100个婴儿,该是心头一大喜事,而他每年也捐出十缗铜钱来。

经过乌台诗案的创伤,苏东坡没有以前那种求轰动效应的心态了。现在他即便写诗作文,也不再追求社会轰动了。他在寂寞中反省过去,觉得自己以前最大的毛病是才华外露,容易遭人嫉妒,反倒使自己受害。他要学会韬光养晦,在沉默中有所作为。到黄州的他彻底觉悟了,与以前的苏轼判若两人。

谪居黄州的苏轼,因为看到国家正被一群小人操纵,他更

加忧心国家的命运,总是想尽办法打听京城里的消息。

黄州是一个非常偏僻荒凉的地方,为了打听朝廷方面的消息,他与旧党的故交如滕元发、王巩等不断通信,也与新党人物章惇、李琮等保持着一些交往。

这期间,苏轼作《代滕甫论西夏书》言边事,又有《答李琮书》为朝廷对西南夷用兵而设谋划策,且作《代李琮论京东盗贼状》等。这些政治上的作为,表明他依然关心政事,依然忧国、忧民、忧君。

王巩是故相王旦的孙子,亲旧满朝,消息灵通。他本人虽被苏东坡的诗案所连累,被远贬南方,但侄子王震却随时在神宗皇帝身边,很了解神宗皇帝的思想动态。

于是,苏轼就利用王巩这条渠道,以得到神宗皇帝的一些思想动向,对神宗皇帝这一时期的政治作为有了整体把握。

这期间神宗皇帝多次准备起用苏轼,但遭到了宰相王珪的阻难。王珪是个没有什么政见的人,他阻止司马光、苏东坡入朝,未必因为他赞同新党的主张,只是为了保住禄位,不欲局面有所变动罢了。

但他的这分心思被新党的蔡确看穿,蔡确加以利用,诱哄他去劝导神宗皇帝用兵西夏。如此战事一起,神宗皇帝调和两党的计划必被延搁,王珪的相位可保。

在王珪等人的安排下,神宗效法唐太宗威震四夷的梦想便被付诸实施。于是,朝廷两次集合军队大举进攻西夏,结果两次大溃,丧师几十万,损失不可胜数。

神宗皇帝的强国梦终于破产,不得不与西夏讲和。打这以后,他常常昼夜不得安寝,无缘无故痛哭流涕。又常常悔悟往事,准备起用司马光、吕公著辅佐太子,但还没有来得及实施,便英年早逝。当然,这都是后话,暂且不表。

苏东坡从通信中看到神宗皇帝对自己的态度,更看到了朝中奸佞小人为保住权位,唆使神宗皇帝对西夏用兵,结果导致国家在军事上的惨败。这使苏东坡的心更加沉重。

元丰五年(1082年)春天,神宗皇帝听到一个坏消息:苏轼和曾巩这两位大文豪同时去世了。于是,他便连忙召见苏轼的一位亲戚想问个明白。

这个人回话说,他也听说了这个噩耗,但不知道是否确切。问话时,正当午膳,神宗皇帝难过得吃不下饭,只说了一句:"才难,才难。"

当时苏轼的身体确实不太好,眼睛得了很严重的疾病,几乎要失明了。他闭门在家休养,不和朋友见面。没想到民间竟然流传起东坡先生被玉帝召往天庭这样的谣言,连范镇都特意派人到黄州来问,苏轼哭笑不得。

昔日政敌,握手言欢

这一年,朝中讨论编修国史,神宗皇帝首先想到苏轼一定可以担当这项重任,结果又遭到王珪阻挠。神宗皇帝偶尔有起用司马光、苏轼等旧臣的想法,都受到新党执政者的掣肘。

元丰七年(1084年),神宗皇帝断然绕过新党,直接下达任命书,命苏轼到离京城较近的汝州来做团练副使。这次任命虽然没有升迁苏轼的官职,但意味深长,这表示神宗皇帝有意重新起用苏轼。

这是一个充满希望的信号,让朝中官员们坐立不安。苏轼的拜谢奏折送到皇帝手中,神宗皇帝看后十分感动,在朝堂

上叹息说:"子瞻真是一个天才。"

这时,还有人挑唆说:"苏子瞻在谢表中说,他自己是经过制科考试的人才,又说自己遭遇牢狱之灾,显然有很多怨恨不满哪。"神宗皇帝没好气地说:"你等不必多言,我自有主张。"

苏轼接到调令后,一开始试图逃避重回京城。用他自己的话来说,"殆似小儿延避学"也。就在调职的消息传来的两天前,即三月三日,苏轼还在定惠院后山的商氏园内和朋友们欢聚,喝酒聊天。

接到调令后,苏轼犹豫了好几天,不知道该不该申请留居黄州。后来,他想到这是神宗皇帝的一番好意,于是决定服从命令。面临再一次迁徙的时候,政治牢骚与思乡之情交织在他心中,使他思绪万千,心潮难平。因此,苏轼心中没有任何欣喜之感。他这一年已48岁,在20多年的宦海生涯中,由于政治上的风云变幻,他不断地西去东来、南迁北徙,尝够了人生的苦味。

抛下东坡的农庄,苏轼多年的辛劳即将被一笔抹杀。他造的房屋,他开垦的农田,他种的菊花和茶树,都不可能带走,他不得不在别的地方另辟一个农场。

更何况这次虽是从遥远的黄州调到离京城较近的汝州,但5年前加给他的罪名并未撤销,官职仍是一个"不得签书公事"的州团练副使,政治处境和实际地位都没有任何实质上的改变。

苏轼在黄州住了4年3个月,时间那么长,孩子们说话都有了当地的口音。朋友、山水、草木,辛勤开垦出的东坡庄园,都和他结下了深厚的情谊,突然要走了,他的心里依依难舍。

苏轼复杂的情绪,在他临行前告别黄州父老的一首《满庭芳》词中表现得淋漓尽致:

第四章 诗案遭贬

元丰七年四月一日,余将去黄移汝,留别雪堂邻里二三君子,会李仲览自江东来别,遂书以遗之。

归去来兮,吾归何处?万里家在岷峨。百年强半,来日苦无多。坐见黄州再闰,儿童尽,楚语吴歌。山中友,鸡豚社酒,相劝老东坡。

云何?当此去,人生底事,来往如梭。待闲看秋风,洛水清波。好在堂前细柳,应念我,莫剪柔柯。仍传语,江南父老,时与晒渔蓑。

离开黄州的那天,长江对岸的王氏兄弟、歧亭的陈慥,以及潘丙、郭遘、古耕道等人,都来送别。当时,有19个人随船送他到慈湖,最后还有3个人送他到九江。

这3个人,一个是和尚参寥,他决定到庐山顶上去看看。一个是道士乔同,据说他当时已经130多岁了,准备到兴国去。再一个就是陈慥,这是苏轼在黄州期间来往最亲密的朋友。临别时,两位老朋友互相叮咛,今后说话一定要注意,与人接触要小心,以免大祸再次临头。

船到九江,参寥、乔同分头上路,陈慥也转回麻城。苏轼让长子苏迈率一家人暂住在江岸边,自己往筠州去见弟弟苏辙。

这年的端午节,苏轼是在筠州过的。他已经好几年未与弟弟在一起过端午节了。不仅是苏辙,就连苏辙的孩子苏迟、苏适、苏远等,对伯父的到来都高兴得不得了。

后来,他描述当时的情形是"儿童喜我至,典衣具鸡黍",也就是说,孩子们为了招待他,把衣服典卖了。这当然有点儿

夸张,那时候,苏辙还不至于穷到如此程度。不过,在诗中,孩子们高兴的心情已经表露无遗了。这首诗写道:

> 一与子由别,却数七端午。
> 身随彩丝系,心与昌歜苦。
> 今年匹马来,佳节日夜数。
> 儿童喜我至,典衣具鸡黍。
> 水饼既怀乡,饭筒仍愍楚。
> 谓言必一醉,快作西川语。
> 宁知是官身,糟曲困熏煮。
> 独携三子出,古刹访禅祖。
> 高谈付梁罗,诗律到阿虎。
> 归来一调笑,慰此长龃龉。

从筠州回来,苏轼又和几位朋友特意游览了闻名天下的庐山。庐山秀丽绝伦,连绵起伏,有雄奇挺秀的山峰、变幻莫测的云海、神奇多姿的流泉瀑布。

苏轼一路游赏,留下了许多诗作,最著名的莫过于《题西林壁》:

> 横看成岭侧成峰,远近高低各不同。
> 不识庐山真面目,只缘身在此山中。

诗中除了有庐山的奇秀形象给人以美感,更有隽永的哲理启人心智。短短28字,深入浅出,思致深沉,又妙趣横生。这首小诗不单单是诗人歌咏庐山的奇景伟观,同时是苏轼以经历过祸患的眼光对人情事理的认识。

第四章 诗案遭贬

随后,苏轼和家小顺江而下,穿过彭蠡湖(今鄱阳湖),到了湖口。苏迈要在这里离开父亲,独自往饶州的兴德上任去了。

湖口县城临江有两座山,南边的叫上钟山,北边的叫下钟山,这就是著名的石钟山。父子临别之际,苏轼决定带苏迈到石钟山一游。

这两座山为什么叫石钟山呢?一路上,父子俩讨论了大半天,仍没个定论。这时候,他们发现山坳里有一座古寺,两个人决定找寺里的僧人问一问。

不料,寺里的僧人也说不出所以然来。有一个小和尚倒是非常热心,他拿了一柄斧头,带父子俩来到水边,在乱石中这儿敲敲,那儿砸砸,到处都可以发出"空空"的声音。

他边敲边对苏轼父子说:"你们听,像不像钟声?这不就是石钟山名字的来历吗?"苏轼对这个结论并不十分满意,但又不愿意给小和尚泼冷水,于是笑而不答。随后,他们返回寺里歇息。

这天夜里,父子俩乘着一叶小舟,驶到石钟山的绝壁下,去探索石钟山的秘密。这天是农历六月初九,半个月亮爬到天上,江面上洒下一片微弱的银白色。

当小舟驶到绝壁下的时候,数百丈高的巨石挡住了月光,江面顿时黑了下来。那一块块的巨石状若猛兽奇鬼,好像要抓人似的。

乱石中栖居的小鸟,听见有船到来,也被惊起,霎时间飞向天空,喳喳唧唧乱叫。有的叫声好像老人在咳嗽,有的叫声像人们在大笑,十分吓人。

苏轼正想调舟回去,忽然听见江面上嗡嗡地发出洪钟般的响声,这正是他们要寻找的秘密。于是,他们把小舟慢慢划

113

到发出声音的地方。原来,山脚下的石头中有很小的缝隙和小窟窿,水不断向里灌,就发出了像钟声一样的声音。

另外,在江的正中间有一块大石头,这块大石头上有很多小洞,水打在上面,就发出了钟鼓的声音。这两种声音混合起来,听起来简直像乐队在演奏一样,好听极了。

终于探出了石钟山的秘密,苏轼高兴极了。在回去的路上,他兴致勃勃地对儿子说:"天下事,如果不亲自去看一看,听一听,只凭主观臆断,是不行的啊!"回到住处,他写了一篇游记,这就是《石钟山记》。

七月间,苏轼家小的船到达金陵(今江苏南京)。王安石自从熙宁九年(1076年)罢相以来,一直闲居在这里。此时他已经是一个寂寞孤独的老人。政治生涯上的大起大落,爱子的不幸夭亡,都使他看破世情,浓浓的幻灭感笼罩着他。

在金陵,王安石经常骑着一头老驴四处转悠,踏青寻芳。听说苏家的客船停泊在金陵,并且会逗留一段时间,王安石便立即骑上毛驴,去江岸边看望饱经患难的诗人。

过去,苏轼是王安石变法激烈的反对者,他的父亲苏洵曾经尖刻地批评王安石乃大奸之人。苏轼自己这些年的坎坷都因为反对新法而起。

但是,王安石在乌台诗案中曾为苏轼尽力疏通,因此,苏轼并没有鄙视或憎恨这位同样博学多才的长者。他们之间有一种惺惺相惜的情谊,尽管这情感并不深厚,但足以使他们彼此尊重和欣赏。

苏轼生性开朗,两个人一见面,他还是忍不住开玩笑说:"子瞻野服来见丞相,万望恕罪。"王安石笑着回答:"礼仪难道是为我们这些人设的吗?"

苏轼看到,这位曾经叱咤风云的宰相,只是随随便便地穿着一件山民的衣裳,面容苍老而平静,心里感慨万分。

在金陵期间,两个人畅快地游玩了几天,写了不少诗。苏轼在《同王胜之游蒋山》一诗中有这么两句:

峰多巧障目,江远欲浮天。

从字面上讲,说的是山峰众多而奇巧,遮住了人们的视线;江水向远方流去,好像要浮起蓝天。但是,若把奇巧的山峰比作那些弄虚作假、阿谀奉承的人,把远去的江水比作心怀坦荡、光明磊落之士,也未尝不可。所以,王安石读了苏轼的这两句诗非常感动,禁不住连声赞叹。

他们交谈得十分融洽,可一提到变法,还会有些不愉快。所以,两个人尽量避免谈这方面的话题。

苏轼离开后,给王安石写了《上王荆公书》,在信中表达了自己准备日后在金陵买田,与王安石老于钟山的愿望;或者自己在与金陵隔江相望的仪真县(今江苏仪征)居住,实现"扁舟往来,见公不难"的愿望。

苏轼这样说,并非敷衍之言。因为,他当时已经在操作了。苏轼先是在金陵城里选址,却因为种种原因没能选到。在金陵对岸的仪真,苏轼专门为求田问舍之事盘桓了许多天。所有这些,苏轼给王安石的信中都有记述,可见他是真想与王安石为邻的。

再看苏轼在信中的措辞:"某游门下久矣,未尝得如此行,朝夕闻所未闻,慰幸之极。"在这里,苏轼同样表达的是见到王安石的惊喜与庆幸之情。

而且,还有一点值得注意的是,苏轼说自己游门下矣,虽然还没直说自己是王安石的门下,但也只差一点儿了。门下

就是学生,不是通常的客套话,内含着愿为所用的意思。与此可相印证的是苏轼的和诗。

王安石在《北山》一诗中写道:

> 北山输绿涨横陂,直堑回塘滟滟时。
> 细数落花因坐久,缓寻芳草得归迟。

苏轼和《北山》诗道:

> 骑驴渺渺入荒陂,想见先生未病时。
> 劝我试求三亩宅,从公已觉十年迟。

这就是说,他们的合作来得太晚了。经过10年的磨砺,苏轼看问题更全面,更成熟;而王安石的处事方式更老辣,更睿智。于是,两个人的意见便大体上趋于一致了:新法无错,错在用人。岁月使人成熟,检讨自己比原谅别人来得更难。我们要不断修正自己,搞好团结,才能更好地学习和工作。

唉,人总是在事情无可挽回的时候,才发现它的珍贵。呜呼,哀哉。后来,在王安石去世的时候,苏东坡与司马光等人主张给予褒扬,以励风俗。于是,苏轼在代哲宗拟制的诏书中写道:

> 朕式观古初,灼见天意,知将有非常之大事,必生希世之异人,遽尔使其名高一时,学贯千载。智足以达其道,辩足以行其言;瑰玮之文足以藻饰万物,卓绝之行足以风动四方。用能于期岁之间,靡然变天下之俗。
>
> 具官王安石,少学孔、孟,晚师瞿、聃(佛教和道教的

代称。瞿,指瞿昙,佛教之祖;聃,指老聃,道教之祖)。网罗六艺之遗文,断以己意。糠秕百家之陈迹,作新斯人。属熙宁之有为,冠群贤而首用。信任之笃,古今所无。方需功业之成,遽起山林之兴。浮云何有,脱屣如遗。屡争席于渔樵,不乱群于麋鹿。进退之美,雍容可观。

朕方临御之初,哀疚罔极。乃眷三朝之老,邈在大江之南。究观规模,想见风采。岂谓告终之问,在予谅暗之中,胡不百年,为之一涕!

呜呼,死生用舍之际,孰能违天;赠赙哀荣之文,岂不在我!宠以师臣之位,蔚为儒者之光。庶几有知,服我休命。

只要对照一下苏轼的《伊尹论》就可以知道,这种评价原是他给予伊尹、诸葛亮、陆贽一类人物的。也就是说,50岁以后的苏轼,是把王安石当作诸葛亮、伊尹之流历史伟人来看待的,足见苏轼对王安石的推崇。

苏东坡对王安石的道德文章称颂备至,对其变法事业却数语带过,正反映了苏东坡的一贯态度。对事不对人,说明苏轼立场的坚定、为人的宽厚,具有大家风范。

在金陵,苏轼一家还遭遇了一件非常不幸的事,那就是朝云生的小儿子苏遁还不到一周岁便夭折了,后来,朝云没再生过孩子。苏遁小名叫干儿,苏轼曾写过一首《哭干儿》的诗,里面有这样几句:

我泪犹可拭,日远当可忘。
母哭不可闻,欲与汝俱亡。

苏遁的夭折对苏轼打击非常大。苏轼想,如果不是自己四海飘零,这孩子也许不至于死掉。于是,他便想寻求一个安乐窝,想找一个地方长久住下去。

苏轼认为,皇帝可以把他由黄州调离,同样可以把他调离汝州去居住别处,所以,每到一地他就寻找晚年养老所在。听说苏轼想找一个地方长住下去,不少朋友给他出主意。

当时,苏轼的好朋友滕元发在湖州任太守,他劝苏轼住在太湖左岸的宜兴。他们想出一个主意,由苏轼在宜兴买田,然后上表神宗皇帝请求他允许苏轼住在该地,就说农庄是苏轼唯一的谋生本钱。

滕家的一个亲戚在宜兴城外的深山中有一处田庄,他可以将这处田庄转卖给苏家。苏轼接受滕元发的建议,买下这处田庄。随后,托朋友卖掉他父亲在京师留下的住宅。

这年九月,苏轼一个人来到这处新买来的田庄里。这处田庄相当大,每年可产800石米,足够全家费用。并且,这里紧靠太湖岸边,有山有水,景色宜人;果树生长茂盛,尤其是柑橘的生长很好。

苏轼想起自己在黄州刚刚种下的柑橘树苗,更喜爱这个地方了。于是,情不自禁地说:"让我在这里养老送终,大概也是上天的安排吧。"

这个田庄唯一的缺点就是住房不太好,所以苏轼想在附近再买一套住宅。于是,他的朋友邵民瞻出外寻找,在一条名叫荆溪的小河旁,找到了一栋古老的房子。

主人索价很高,苏轼作诗文非常在行,但买卖东西却并不在行,他如数付了房价,花500缗买下来,现款几乎全部花光了。在别人看来,他似乎有点儿傻,但他却很满意。

随后,他打算带眷属搬进新居。有一天,他和邵民瞻月夜到村中散步，经过一栋房子，听到有女人的哭声。苏轼和邵民瞻敲门进去，就见一个老太太在屋角哭泣。

两人问她怎么回事，老太太说："我有一栋祖传的老房子，已经100多年了。可是，最近逆子不肖，把它卖给别人，我只好搬出一辈子相守的老宅。我哭的就是这件事。"

细问之下，苏轼发现，老太太说的竟是自己花500缗买来的房子。于是，他拿出卖契，当着老太太的面烧掉了。第二天，苏轼把老太太儿子叫来，要他让老母搬回故屋，没有逼他退钱。

老太太的儿子是把钱用来还债，还是有别的原因不能还钱，我们就不得而知了。就这样，苏轼两手空空回到城里，房子没买成，钱又少了500缗，他顾不得许多了。

由常州回来，这年十月，苏轼上表给神宗皇帝，请求住在该区。不过，在得到批准之前，他得向指定居住地进发。汝州在京师西面，从常州到汝州，要走500里左右。

苏轼带一大家人向京师出发，慢慢行进，希望上表获准，他就不必来回花路费了。可是，左等右等，都不见朝廷的音讯，他只好勉强挨到京师。

这期间，照他的诗篇看来，由于没有现款，全家人连饭都吃不饱。

这年年底，一家人到了泗州淮河边。他给朋友的诗至少有三首提到饥饿，有一首自比为饥饿的老鼠整夜啃咬东西。泗州在洪泽湖的边上，太守刘仲达是苏轼的老朋友。故友重逢，真有说不出的亲热。太守送东西到船上，孩子们哭声震天，一家人似乎走不动了。

苏轼决定再度上表，并且在南都张方平家中小住，等皇帝的回音。第二封信是在泗州写的，部分内容如下：

但以禄廪久空,衣食不继。累重道远,不免舟行。自离黄州,风涛惊恐,举家病重,一子丧亡。今虽已至泗州,而赍用罄竭,去汝尚远,难于陆行,无屋可居,无田可食。二十余口,不知所归,饥寒之忧,近在朝夕。与其强颜忍耻,干求于众人,不若归命投诚,控告于君父。臣有薄田在常州宜兴县,粗给粥。欲望圣慈,许于常州居住。

刘太守留苏轼一家在泗州过年,苏轼毫不犹豫地同意了。泗州是当时的军事要地,泗州南山是一个风景优美的地方。从城里到南山,要通过一座大桥,这座大桥每到夜晚便禁止通行,偷渡的人要判处两年徒刑。

一家大小的食宿暂时解决后,这一对老朋友忽然异想天开,要在除夕之夜去南山游玩。于是,刘太守便不顾这条禁令,和苏轼一起,过桥往南山去了。

南山果然是一个风景优美的去处。特别是在除夕的夜晚,在山顶看着泗州城的万家灯火,别有一番情趣。回来后,苏东坡写了一首词为记,其中有一句说:"望长桥上灯火闹,使君还。"

刘仲达是一个简朴、诚实的山东人。第二天,他读到苏东坡的词,吓得心都快跳出来了。他赶忙上船找到苏东坡说:"我刚读到你的词,问题太严重了!你闻名全国,这首词一定会传到朝中。普通老百姓晚上过桥要罚两年的苦役,太守犯法只会更重。我求你千万别让其他人读到这首词。"

苏轼懊悔不已,笑着说:"老天爷!我一开口便是罪,岂苦役二年以下。"

上了第二次《乞常州居住表》之后,苏轼一家于正月初四上船沿淮河继续往汝州进发。船驶得更慢了,一个多月后才到南都。张方平老年时在这里居住,苏轼一家便停下了,继续等待皇帝的诏命。

苏轼一家暂住在张方平家时,遇到一件叫人感慨的事。主人设宴款待他,席间苏轼认出张方平儿子的侍妾,就是前黄州太守的宠妾。她叫胜之,太守当初最宠爱她。太守是苏东坡的好友,不久前不幸亡故,她只好改嫁到张方平家。

东坡看着这位佳丽风姿不减当年,在席间谈笑风生,心中不免感慨万千。想到人生变幻无常,想起他的许多故友,不禁眼睛润湿,喉咙哽咽。

胜之觉得苏东坡如此善感,却不解其中酸涩滋味,只觉得很有趣,忍不住笑出来,转头又向他人说话闲聊去了。苏东坡觉得很不愉快,事后曾劝告朋友,能不纳妾便不纳妾,否则黄州太守的宠妾胜之就是例子。

坡翁笠屐圖 餘伯寫

第五章
重回京城

第五章｜重回京城

位高权重，淡然处之

苏轼的上表为什么迟迟得不到答复呢？原来，神宗皇帝病了，而且病情越来越重，三月一日进入危险期。

元丰八年（1085年）三月五日，神宗驾崩，继承皇位的是哲宗赵煦。小皇帝年仅10岁，掌握实权的是神宗的母亲高太后。

第二天，朝廷就降旨准苏东坡暂住在常州。这个消息对苏轼非常重要，如今他如愿以偿，计划定好了，于是一家人又返回常州宜兴。元丰八年四月三日，他们一家人离开南都，五月二十二日抵达宜兴新家。

苏轼相信，他终于可以在这里安度晚年了。他在诗中写道："十年归梦寄西风，此去真为田舍翁。"意思是说，他可以乘小舟来来去去，"神游八极万缘虚"了。

定居的计划刚刚实现，复官的消息又来了。原来，高太后一向不赞成变法，曾经多次反对变法。如今大权在握，便要推行自己的政见。

她首先召回了反对变法的旧党领袖司马光，又根据司马光的推荐，把苏轼、苏辙、程颐、吕大防、文彦博、吕公著、刘挚等人召回朝廷，委以重任。

第二年，小皇帝赵煦宣布登基，改年号为元祐。于是，到了宋代政治史上的元祐时期，以司马光为首的反变法执政集团后来被称作"元祐党人"。

苏轼到宜兴才10天，就听说他被任命为登州（在今山东

威海市文登区)太守。他听到京师的传闻不愿相信,他认为京师一向充满谣言,因为最近四月十七日的官报并未提及此事。

几天后官方派人来到,证实了这一消息。苏东坡心乱如麻,非常讨厌这突如其来的变故。全家人欣喜欲狂,简直不敢相信这个消息是真的,但苏东坡却从心中看淡了这一切。

苏轼在一首诗中自比是巅峰已过的良驹,"青云飞步不容攀"。在另一首诗中说:

南迁欲举力田科,三径初成乐事多。
岂意残年踏朝市,有如疲马畏陵坡。

他在给谈经论禅的朋友佛印的信中说,自己有"如蓬蒿藜藿之径";在给米芾的信中则说:

某别登卦都,已达青社。哀病之余乃始入闹,忧畏而已。

最后,苏轼还是接受了官职。因为,太后怕他接到圣旨不肯赴职或拖延时间,就派卫士到他家直接"护送"他到公署。

苏轼一家六月动身,前往山东海岸的登州。从常州到登州,途中要经过海州、密州等地。一路上,映入眼帘的尽是一派荒凉景象:百姓到处流亡,土地无人耕耘。但是,沿途供官吏们住宿的馆舍修建得非常华丽,特别是海州的高丽亭馆,红墙绿瓦,钩角飞檐,简直像座宫殿。

苏轼住在这里,想起路上的情形,心里很不是滋味。他在《筑高丽亭馆一绝》中写道:

> 檐楹飞舞垣墙外,桑柘萧条斤斧余。
> 尽赐昆耶作奴婢,不知偿得此人无。

意思是说,修这座美丽的馆舍,民间能用来养蚕的桑树柘树都被伐了。正是这样,40年后,北宋便被金人灭掉了,这不就是最直接的原因吗?

一路上,使苏轼感到慰藉的是在密州。当时的密州太守是霍翔。霍太守听说苏轼从这里经过,亲自出城迎接。百姓们听说10年前的老太守从这里路过,扶老携幼,夹道欢迎。这使苏轼大为感动,不断地向他们问好。

苏轼在这里住了好些日子。在霍翔的陪同下,他重游了常山和超然台等处。临走的时候,给霍太守留了一首诗,题目是《再过超然台赠太守霍翔》:

> 昔饮雩泉别常山,天寒岁在龙蛇间。
> 山中儿童拍手笑,问我西去何当还。
> 十年不赴竹马约,扁舟独与渔蓑闲。
> 重来父老喜我在,扶挈老幼相遮攀。
> 当时襁褓皆七尺,而我安得留朱颜。
> 问今太守为谁欤,护羌充国鬓未斑。
> 躬持牛酒劳行役,无复杞菊嘲寒悭。
> 超然置酒寻旧迹,尚有诗赋镌坚顽。
> 孤云落日在马耳,照耀金碧开烟鬟。
> 郑潍自古北流水,跳波下濑鸣玦环。
> 愿公谈笑作石埭,坐使城郭生溪湾。

苏轼离开密州是在神宗熙宁九年(1076年)底,按甲子纪

年是丙辰年，按十二生肖它是龙年；第二年是丁巳年，被称为蛇年，所以说是"岁在龙蛇间"。

离开密州，苏轼一家继续上路。不久，他们改乘海船，绕过山东半岛。等到登州任所的时候，已经是十月五日了。

登州濒海，海上经常会出现一种幻景，叫海市蜃楼，这是地上的景物由于光线的折射，在空中投下的影子。但是，在科学不发达的古代，人们认为它是一种神奇的现象。

苏轼一到登州，便到海边的广德王庙去祈祷，请求海市出现。按说，海市蜃楼是在春天出现。当时是冬季，本来是难以出现的。但是，世上会出现反常现象。

真是巧得很，苏轼祈祷过的第二天，这种幻景竟真的出现了。苏轼异常兴奋，诗兴大发，写了一首《海市》诗。时至今日，这首诗还刻在山东蓬莱的蓬莱阁上，被人们誉为描写海市蜃楼的佳作。

苏轼一到登州，照例向新皇上呈了一份谢表，随后，便很快地投入工作之中。

现在的东北地区当时属于辽国，与登州只有一海之隔。天气晴朗之时，辽国的山川隐约可见。这里的海防原来设有四指挥，教习水战，所以辽国一直未敢来侵犯。可是后来，登州地方的武装准备逐渐麻痹起来，四指挥轮番出差错，水战不再演习，有时士兵还有外调现象。苏轼认为这样非常危险，立即向皇帝写了奏表，呈请明确降旨，四指挥的士兵一律不准外调。

此外，苏轼还上表，向新皇帝呈请停止食盐官卖。食盐官卖本来是为了增加国家收入，可是没有抑制豪强的垄断，所以苏轼要求坚决停止。他在奏表中说，食盐由国家统一出售，有三条弊病：

第五章 | 重回京城

一是原来靠经营食盐生意的人要失业,因而可能引起地方上的骚乱;二是盐价贵,买盐不方便,深山穷谷的老百姓买不起,只得吃淡饭;三是官家的盐卖不出去,最后变成粪土,反而减少了国家的收入。

就在苏轼准备在登州展开政务的时候,朝廷又来了诏命,升他为礼部郎中,命他回京城任职。苏轼一家只得又上路往京城进发。半月后,苏轼一家还在路上,又一道诏命来了,升他为起居舍人。

起居舍人又称右史,是掌管记录宫中事务的官,属于皇帝的近臣,只有亲信才能得到这个职务。他觉得自己的官升得太快了,不愿接受起居舍人的职务。

十二月,苏轼一家抵达京师后,他向皇帝呈了一份《辞免起居舍人状》。大意是说:自己能力不强,处理问题粗枝大叶,并且刚刚受过处分,恢复职务以后,没有做出任何成绩。如果一下升到起居舍人这样的职务,一定会引起闲话的。

辞状递上去后,苏轼的起居舍人不但没有辞掉,他又被升为中书舍人。要知道,中书舍人掌管起草皇帝的诏命,参与国家机密,位置比起居舍人重要得多。

苏轼一看不对头,连忙写了一份《辞免书舍人状》说:

臣前不久才离开贬所,皇上起用我作登州太守,我已经感恩不尽了。可是,到任只有五天,便升为礼部郎中;半月后,又升为右史,从此出入宫廷之中。我一点儿功劳都没有,一件大事也没办,今又被升为中书舍人,实在不敢接受。陛下不对我进行一番考验就提升我,臣心里非常不安哪!

129

表状上去，不但中书舍人之职没有辞掉，不久他又被提升为翰林学士。翰林学士是专管皇帝诏命定稿工作的秘书长，是皇帝最亲信的人物之一，经常住宿内廷，权力很大。

在这之前，苏轼一直被人们认为是无冕的翰林，这一次，他戴上了翰林学士的桂冠，心里又喜又忧。于是，他免不了又写了一份《辞免翰林学士状》说：

> 像这样的职务，如果才能不特别出众，道德不特别高尚，威望不特别崇高的人，是难以担当的。而臣衡量一下自己，这三方面都不如人。让我担当这个职务，实在是心里不安。

表状自然又没被批准。高太后还特赐给他一套衣服、一条金腰带，还有一匹配有金镫银鞍的骏马。不到一年的时间，苏轼连升四级，时年49岁。从此，苏轼在政治上从此进入了他人生最为辉煌的时期。

司马光还朝的时候，京城里一片欢呼，民众怀念他贤德的名声，对他的施政寄予厚望。苏轼进京的时候，有很多老百姓拦住他的马，纷纷呼吁这班旧臣为他们带来安稳的生活。他们对变法失去了信心，希望这些学问渊博的君子可以带领国家走向富强。

但是，世情往往并非非黑即白、非错即对那么简单。是非黑白之间常常是纠缠不清。新法固然给国家带来了一定的困扰，完全恢复旧制又何尝是良策？是非黑白既然明朗，谁不知道避恶从善？因此，善于辨别是非黑白，何尝不是一种大智慧？而古今中外，自诩为能人君子的人，又有多少人有这种大智慧呢？

对古代的士大夫来说,能够在天子身边为近臣,这是人生最大的荣耀。但苏轼由于这个时期能够自由进入皇宫,看到了皇宫内的奢华生活,使他不得不对此进行劝谏。

经历了乌台诗案这样的人生惨痛教训,苏轼明白,直接劝谏是不行的,甚至不能写诗直接讽刺当世之事。怎么办呢?这就需要借历史来讽喻,古人通常都是那么做的。

元祐(1086—1094年)初年的宋朝京城,可以说是群贤毕至、少长咸集,当时文坛的精英,几乎全部集中到京城。空前盛况,超过了庆历年间(1041—1048年)欧阳修文学集团在京城的聚会。

在京城,苏东坡是文坛的核心和领袖,宴会、游赏、题画、酬诗,留下了许许多多的传闻逸事、佳话妙谈。因此,有宋代元祐词人的风采,一直是后来的笔记小说中津津乐道的话题。

元祐元年(1086年)十二月,苏东坡奉命接待辽国派来贺岁的使者。与苏轼一起接待辽使的是狄咏,狄咏是北宋名将狄青的儿子。夜晚聊天,狄咏说起父亲狄青少年时替兄顶罪的事,苏东坡记录下来,写成一篇小文《书狄襄武事》,又为狄咏收藏的石屏题了诗。

参加接待的还有一位皇宫内侍叫刘有方,他见苏东坡慷慨题咏,毫不惜墨,便拿出自己收藏的《虢国夫人游春图》,请苏东坡题跋。这是唐代张萱的作品,五代时藏于南唐宫廷中,进入宋代后落入宰相晏殊之手,后来成为内府藏品。宋人视之为神品。

苏东坡为这幅绘画珍品题诗,借历史上唐玄宗、隋炀帝、陈后主等荒淫误国的事情讽喻当朝宫廷,应该吸取前朝历史上的经验教训,切勿走到荒淫误国的老路上去。

元祐元年(1086年)三月,司马光主持政事堂会议,要求

五品以上的朝官全部参加,中心议题是全盘废除王安石所行的新法。但司马光没有想到,首先向他的政策提出质疑的,竟然是被自己认为同党且一向遭到王安石新党打击的苏东坡。

苏东坡在被贬的过程中亲眼看到了新法推行后的许多弊端,也看到新法的一些好处,觉得不应该全盘废掉新法。他认为,这是从一个极端走到另一个极端。因此,他坚决反对司马光的主张。

苏轼认为,变法如果对百姓有利,就应该肯定,对百姓有害就应该废除。如果新法本身是好的,只是做法上有问题,则应该改变做法。不分好坏,全盘否定,那是错误的。

没想到,司马光也是一个拗老头子,容纳不了不同意见。为此,苏轼和司马光之间的矛盾便暴露出来了,矛盾的焦点集中在免役法上。

当初,差役法实行后,产生了流弊。编户充当役夫的人不习惯服役,役头用暴虐的方法役使他们,造成编户大量破产。王安石做宰相后,改差役法为免役法,使编户按等级的高低出钱雇用役夫。执法的人常常超过标准索取,成为人民的祸害。

苏轼认为,免役法有有利的一面,而差役法的弊端很大。于是,他对司马光进言说:

> 差役法和免役法,各有利弊。免役法的流弊,在于聚敛百姓的钱财,以致十室九空,上面聚敛了很多钱财,下面给人民带来了钱荒的灾难。差役法的流弊,在于人民常在官府服役,不得专力农耕,而贪婪残暴的官吏和奸猾的差役得以借此做坏事。这两种役法给人民带来的灾难,其轻重大概是相等的。

司马光说:"那么,你看这件事情应该怎么办呢?"
苏轼说:

> 一切政策法令应该前后互相衔接,这样才容易成功。做每件事情时,一点一点地逐步进行,那么百姓就不会受到惊扰。夏、商、周三代的办法,是士兵和农夫合而为一,到秦王朝才开始一分为二,到了唐朝中叶,又把府兵制改成了募兵制,士兵一生都在军队里。从那时以来,民是民,兵是兵,农民拿出粮食和布帛来养兵,士兵冒着生命危险来保卫百姓,天下人民都感到方便。我认为即使圣人再出,也不会改变这个办法。如今的免役法,其实和上面所说的差不多。明公您现在想骤然取消免役法,以差役法代替,就正像要取消常征的兵而恢复民兵,这只怕不太容易吧?

司马光颇不以为然。内阁议事厅里,气氛非常紧张,大家都沉默不语。早春二月的天气,屋子里还不十分和暖,可是还有人脸上沁出汗珠,屋里就像搁了一大桶油,偶尔一点火星擦过,就会突然燃烧起来。

司马光瘦削的脸颊紧绷着,幽深的眼睛里满是严厉的光芒。他不善言辞,听着苏轼一遍一遍地陈述各种理由,无言以辩,花白的须发都微微颤抖起来。

好一会儿,司马光直接而断然地否定了苏轼的说辞。末了,他袍袖一甩,准备撤离。

苏轼毫不退让,直视着司马光,大声说:"当年,您还是谏官的时候,不是也极力劝阻韩琦大人,不可行扰民之法吗?韩琦大人的怒气尤其表现突出。司马公,您亲口告诉我当日的

情形,难道您自己做了宰相,就容不得我多说两句吗?"

司马光勉强笑了一下,气色稍缓,言辞之间,却不退让。最后,苏轼觉得忍无可忍,回到家中,愤怒地扯掉头巾,对朝云连声叫道:

司马牛!司马牛!

司马牛是孔子的弟子,为人固执。苏轼认为司马光很像司马牛。所以,才怒不可遏骂了起来。

不久,苏轼辞去了役事局的兼差,理由很直接:道不同不相为谋。免役法很快被废除了,不知道是否因为引起的异议较多,司马光反而更加迫切地要废除它,并要求在5日之内就恢复16年前施行的差役法。

在金陵,王安石听说司马光要废除青苗法、易市法,只是笑一笑,没有言语。这次听说连免役法也被废除,他沉默了半响,低沉说:"这也要废掉吗?"

这意味着,他一生的努力都已经付诸流水。至此,这位孤独的老人,卧病在床,即使是灿烂的初夏,屋子里却显得那么阴冷。窗下老驴的嘶鸣一声声传来,仿佛是某种不祥的预告。不久,这位晚景凄凉的老人悄然离世。

旧制复行后,司马光因年迈体弱,已经好几次告病休假。九月初,哲宗领着群臣在南郊举行祭祀典礼,安放神宗皇帝的灵牌,这时,司马光过世的消息传来。司马光还朝不过一年,隐忍多年的政治热情还来不及完全绽放,就撒手辞世。

司马光的葬礼由洛阳人程颐主持,他自觉是严谨的理学家。皇家祭祀结束之后,百官都来向司马光的遗体告别。程颐挡在门口,不让大家进去。

程颐大声说道:"各位留步。今日不宜吊丧。《论语》里有训诫:子于是日哭,则不歌。"

有人提出不同意见说:"我们在皇家典礼上没有唱歌。"程颐坚决拦在大门口,说:"虽然没有唱歌,总归听过奏乐了!今天就不能再哭泣了!"

苏轼听了,不耐烦地排开众人,径直地走进去,冲着程颐撇撇嘴,没好气地说:"孔子说,哭过了就不唱歌,又不是说唱了歌就不能哭。我为什么不能够进去呢?"

程颐的脸色僵住了,一时间言语不得。众人这才进去祭拜。

大家向司马光的灵柩行礼,奇怪的是,司马光的儿子居然不在灵前,更不用说给吊唁的人还礼了。一问才知道,这也是程颐的安排。

面对众人的疑虑,程颐还没从刚才的尴尬和气愤中缓过来,只是硬邦邦地说:"现在是有很多孝子在灵前还礼,真是一点儿文化都没有!但凡有一点儿知识的人都知道,古代的丧礼不是这个样子的。孝顺的儿子因为悲痛,哪有心情再接待客人!"

苏轼最反感这种假模假样的礼,于是嗤笑道:"程夫子可真是鏖糟陂里叔孙通啊。"意在取笑程颐是从泥地里爬出来的酸学究,还在这儿冒充汉代大儒叔孙通。

要知道,当年程颐可是洛党文人集团的领袖人物,被许多人奉为一代大儒。听了这话,程颐从此十分恼恨苏轼,以至于后来,引发了北宋有名的"洛蜀党争"。

不久,苏轼在京师买了一处住宅,靠近东华门,叫白巷,上朝很近。在京师的新生活与当年在黄州农庄的生活相比,完全不可同日而语。他们一家已有15年未在京师定居,现在除

苏迈去江西任一个小官职之外，苏轼一家都在京师。苏轼的次子苏迨16岁，幼子苏过14岁，两个孩子和苏轼的夫人王闰之与妾朝云生活在一起。

京师很繁华，但苏轼仍不忘继续练气功养生，他总是黎明即起，梳头100次，之后稍躺一会儿，再去上朝。做高官的乐趣，对苏轼而言似乎不大。他在一篇笔记中谈及苦与乐，说：

> 乐事可慕，苦事可畏，皆是未至时心尔。及苦乐既至，以身履之。求畏慕者初不可得，况既过之后复有何物比之？寻声捕影，系风迹梦，此四者犹有仿佛也。如此推究，不免是病，且以此病对治彼病，彼此相磨，安得乐处。当以至理语君，今则不可。

如今苏轼的名气达到最高峰，文人朋友都崇拜他，他又享有高官厚禄。他为民请命所受的苦远超过任何人，因此备受推崇。司马光死后，他成为当代第一学者。他没有当宰相，但大家公认他的声望高于众官。

有一次，一个没有什么名气的学者来拜访苏轼，他带着一册诗，想征询苏轼的意见。这个人朗诵了自己的作品，音调抑扬顿挫，之后，他面露得意之色，问苏轼："大人觉得鄙作如何？"

苏轼说："可得十分。"此人禁不住眉开眼笑。随后，苏轼俏皮地说："诗有三分，吟有七分。"

这期间，苏辙也回到了京师，元祐元年（1086年）开始担任御史中丞，次年升为尚书右丞。先前，受乌台诗案的牵连，苏轼的几位朋友被流放南方，如今都官居要职，包括驸马王诜、王巩等在内。

第五章 | 重回京城

苏轼在黄州的老朋友陈慥也来京师探望他。几年前和苏轼通信的黄庭坚也来见苏轼,正式拜在他的门下。

苏轼时常怀念黄州的生活,他的一首《如梦令·有寄》小令,仅数十字,表达了他的殷殷思念之情:

为向东坡传语,人在玉堂深处。别后有谁来,雪压小桥无路。归去,归去,江上一犁春雨。

苏轼常常参加朋友的聚会,以换得内心短暂的安宁。元祐二年(1087年)的一个夏日,天气晴朗,驸马王诜邀请苏轼、苏辙、黄庭坚、米芾、蔡肇、李之仪、李公麟、晁补之、张耒、秦观、刘泾、陈景元、王钦臣、郑嘉会、圆通大师,共16人一起游园。大家饮酒、吟诗、作画,这就是著名的"西园会"。

这次盛会由苏轼作文,李公麟作画留念。画面中,石桌列在高山之下,顶上有瀑布流入大河,两岸都长满花卉和修竹。王诜的两位侍妾梳高髻戴发饰,站在桌子后方。苏轼一身黄袍黑帽,正倚桌写字,王诜坐在附近看他。

另一张桌子上,李公麟正在题一首陶潜的诗,苏辙、黄庭坚、张耒、晁补之都围桌而立。米芾仰着头在附近一块岩石上刻字。秦观坐在树根上听人弹琴,其他人则散到四方,有跪有站,姿态各不相同。

在频繁的交往中,苏轼留下了不少逸闻趣事。话说有一天,苏轼率苏门弟子秦观、黄庭坚和佛印漫游。走到郊外,众人看见一座寺院。寺院荒芜已久,杂草丛生,墙壁坍塌,窗户破烂不堪,一派凄凉的景象。

四人走进寺门,看到寺院东墙上有人题了一首诗,字迹已经模糊。待他们走近细看,才看出来原来是唐代诗人杜甫的

《曲江对雨》：

>城上春云覆苑墙，江亭晚色静年芳。
>林花著雨胭脂□，水荇牵风翠带长。
>龙武新军深驻辇，芙蓉别殿谩焚香。
>何时诏此金钱会，暂醉佳人锦瑟旁。

吟罢，大家都赞不绝口，遗憾的是第三句"林花著雨胭脂□"最后一个字没有了。这时苏轼想趁此机会考一考几个弟子，同时也显示一下自己的文才。于是他对三个弟子说："这样吧，大家一齐把这个字补上，看谁补得最准、最好，怎么样？"三位弟子都表示同意。四人凑在一起，反复吟咏，仔细琢磨，然后按个人体会各补一个字。黄庭坚补的是个"老"字；秦观补的是个"嫩"字；佛印补的是个"落"字；苏轼补的是个"润"字。

"胭脂老""胭脂嫩""胭脂落""胭脂润"，三个弟子经反复吟咏，仔细推敲，觉得先生苏轼补的"润"字更贴切。为了探个究竟，几人回翰林院查阅杜甫诗集，原诗第三句最末这个字是"湿"字。虽说几个人都没补对，但有一个比较，"润"字更近"湿"字。从此，弟子更加敬佩苏轼的文才。

还有一回，苏轼拜访新任相国吕大防。吕大防是个胖子，苏轼来时他正睡午觉。苏轼等了好半天，心里很不高兴。最后，吕相国出来了，苏轼指指客厅中一个土盆，里面养了一只背带青苔的乌龟。苏轼对主人说："这玩意儿不新鲜，六眼龟最难找。"吕大防吃惊地说："真的？世上有六眼龟吗？"他心想，苏轼怕是要愚弄他吧！转念又想，苏轼是个大学问家，见多识广，也许是什么书上曾有过记载。苏轼煞有介事地说：

"当然有。唐中宗时代，一位大臣曾给朝廷进贡一只六眼龟。皇帝问这位大臣：'六眼龟有什么特性？'大臣说：'六眼龟有三双眼，普通乌龟只有一双。所以，六眼龟睡一觉等于别人睡三觉。'"

气得吕相国一时不知说什么好。

太后爱才，苏轼感恩

元祐元年（1086年）四月，王安石去世；九月，司马光去世。这两位元老宰辅一死，新旧党之争便由原来的政见不同，变成了尔虞我诈的政治投机。秉性清高难移的苏轼，成了新旧两党攻击的目标。

司马光一死，政党就形成了以理学家为首的"河北派""河南派"和以苏轼为首的"四川派"。据有关记载和苏轼的退意来判断，他根本不知道"四川派"是什么意思。但是政敌没有打算放过他，这让他非常苦恼。

要知道，宋朝的官制特别容易造成党争。虽然元丰元年（1078年）朝廷曾改组官制，简化官制，仍然没有专责的宰相一职。内阁的连带责任并无明文规定，好让宰相和阁员成为一体。

官场有一套游戏规则，不幸苏轼并非遵守这些规则的典型。几年内他触犯了每一条当官成功的规则，这一点，他心里十分清楚。因此，早在他与朝云的儿子出世时，他曾写道："唯愿孩儿愚且鲁，无灾无难到公卿。"可惜小孩子夭折，没有机会实现父亲的愿望。

苏轼向来不是好党争之人,因为他做人的格调太高。同党当道,他自己又享盛名和高位,连太后都佩服他,他却一直想放弃这个受人羡妒的官职。

前面说过,高太后是反对变法的,所以,在她掌权的时候,原来的变法积极人物,如吕惠卿、蔡确、蔡京、章惇都先后被贬官。这些人的贬官诏命,都是由苏轼下达的。按说,这本是他翰林学士知制诰的责任,可是,那些被贬官的人却认为,这都是苏轼对自己的报复,所以把仇恨全集中到他身上了。

新党虽然有些人被罢官出京,但仍有不少人留在朝中,并且还有一定的势力。他们想卷土重来,便在王安石配享的问题上大做文章。

那时候,一个皇帝去世,要修一座祠堂对他进行祭祀。皇帝的灵牌旁边另置一家大臣的灵牌,与皇帝一起享受祭奠,称为"配享"。

有资格配享的大臣,自然应该是在这位皇帝当朝时期出力最大的一位。王安石在神宗皇帝时两度为相,并且退休时仍保留着宰相头衔,与贬职不同。新党便指使由一个不知名的州学教授周檀上疏,要求让王安石得到配享的资格。

苏轼坚决表示反对,这就好像挖了新党的祖坟一样,他们自然要对苏轼产生刻骨仇恨。旧党也对苏轼不满,因为他不愿尽废新法,旧党感觉不能扬眉吐气,时常耿耿于怀。

还有一件事,几乎引起了朝中所有官员的反对,那就是考试制度。当时,国家名义上有定期的考试制度。但是,朝中的官员可以推荐人才,也就是免试任用。

这种免试的人越来越多,后来竟然比考中的多两三倍,于是造成了官多职少的矛盾,同时形成了社会上的不正之风。这些被推荐的所谓人才,实际上很多都是庸碌之辈,让他们当官,一点儿成绩都不会做出来。

苏轼建议尽量减少免考人员,这样一来,那些既得利益者——无论是新党和旧党——都在暗中咒骂他。

哲宗元祐二年(1087年),苏轼任翰林学士兼侍读。现在,他已经是翰林学士了,按常例,接下来就有可能拜相。可是苏轼这样率直的性格,让很多朝臣感到不安。

苏轼每次进宫侍读,当读到治乱兴衰、邪正得失的时候,总是反复开导,希望皇帝得到启发有所领悟。这时候,哲宗皇帝年仅10岁,他虽然恭敬得默不作声,但总是点头肯定苏轼的看法。

他们曾经拜读宋代前朝皇帝的《宝训》,因涉及时事,苏轼一个问题一个问题进行分析,说:

现在是赏罚不明,善与恶没有人勉励和阻止,如黄河的水势正向北方流,却要强迫它向东流;西夏入侵镇戎(在今宁夏固原),屠杀和掳掠了几万人,统兵的主帅却不把消息报告朝廷。长此以往,我担心会逐渐造成衰乱的加剧。

苏轼任翰林时,常闭门锁居禁宫中,在此期间他起草了800多条诏命。这些诏命都收在苏轼的全集中,文辞优美、恰当、精确。圣诏的措辞通常引用众多史例与掌故,苏轼灵活地应用它们。

据说,苏轼死后,另一位学士接替他,这个人对自己的文采很自负。他曾问一个伺候过苏轼的老仆人,他比苏轼如何。老仆人回答:"苏大人的文采也许不及大人吧,不过他从来不翻书作文。"

苏东坡传

苏轼对政客小人的嫉妒十分厌恶,他曾多次请求免去翰林官职。但是在朝中,苏轼经常得到太后的庇荫。当年,仁宗皇后在审讯中救了他一命。如今英宗皇后又提拔他升上高位。晚年,若不是另一位太后神宗皇后摄政,他也许会在海外流放至死。

汉唐两代,有的皇后篡位,让宦官和外戚得势,也有皇后造成宗室的衰亡。在苏轼生活的宋代,他经历的四位皇太后都很贤明,这算是他在不幸中的万幸了。

有一天苏轼坐在堂中,高太后召他入宫,小皇帝哲宗坐在祖母身边。苏轼起草完吕大防拜相的诏书,太后突然问他:"你以前是做什么官的?"

苏轼说:"臣是常州团练副使。"

太后又问:"你现在是什么官?"

苏轼说:"臣现在是待罪翰林学士。"

太后说:"你怎么会从团练副使这样迅速地升作翰林学士呢?"

苏轼说:"因为太皇太后的恩典。"

太后说:"不是。"

苏轼说:"是因为皇帝陛下的鸿恩。"

太后说:"也不是。"

苏轼说:"那么是其他大臣的推荐吗?"

太后说:"也不是。"

苏轼沉默半响,说:"臣再不懂规矩,也是不敢以非正当的方式进身翰林的。"

太后终于说:"这是先帝的旨意呀!先帝每次读到你的文章,总是感慨地说:'奇才!奇才!'他有心重用你,只是还没有来得及就去世了。"

听到这里,苏轼不禁失声痛哭,太后和哲宗皇帝也哭了起来,左右的人个个都感动得流出了眼泪。随后,太后和哲宗给苏轼赐座赐茶。苏轼离开时,太后还命太监取下御前的金莲烛,照着路送他归院。

元祐三年(1088年),苏轼52岁,任翰林学士、知制诰,兼侍读学士。前一年,司马光已死,苏轼因与司马光的争执招致官员忌恨,他们不断对苏轼进行攻击。苏轼在朝廷中感到十分不适,他接连上书,称病乞请外任,但因为高太后的坚决挽留,他只好留在任上。

这一年冬天,苏轼任知礼部贡举。恰巧大雪纷飞,天气奇冷,考生们都坐在庭中,被冻得不能说话。苏轼放宽了原来那些严格的规定,让考生们能尽量发挥自己的才能。

巡视考场的一些内侍常常挑剔和侮慢考生,还用了意思比较模糊的词句,以此诬蔑考生们有罪。苏轼把这种情况统统报告了哲宗,赶走了这些讨厌的巡场侍。

大兴德政,造福杭州

转眼间,苏轼已经回京三年。苏轼逃避政治,政治却在追逐他。从元祐元年(1086年)十二月中到元祐二年一月十一日,朝廷收到四五篇弹劾苏轼的状子。一月十二日,太后命朝臣不要再进言。弹劾之人不服,于次日又上表论奏。苏轼不想答辩,却四度上表请求离京。

一月十六日,太后在朝臣面前为苏轼辩护,甚至有意处罚弹劾苏轼的人。这时,苏轼决定不求外放,要为这件事争斗

到底。

一月十七日,他写了一封 2000 字的长信给皇帝,阐明立场,指责政客小人。他说:"若上之所可,不问其是非,下亦可之。上之所否,不问其曲直,下亦否之。"这样对国家并没有好处,君主和大臣应该互相提供意见。

然后,他举出他和司马光对征兵问题的异议,他们看法不同,却尊重彼此的意见。现在司马光去世,这批人遵行他的政策,一心只想顺从君主。事实上,他认为司马光并不要求别人永远顺从他的意见,太后也不希望大家唯命是从。

最后朝廷在二十三日下令苏轼留任原职。二十七日,弹劾苏轼的官吏被赦免。苏轼进退两难。太后支持他,政敌没有达到目的,反而丢尽面子,他只好留任原职。为了报答太后的鸿恩,他决心更坦白、更直率,提出别人不敢说的意见。

此后的两年中,苏轼上交了不少策论和表状,争取能解决一些问题。议论发表得越多,他的反对派自然越忌恨他,苏轼如同置身蛇窝之中。一再请求之下,元祐四年(1089 年)三月十一日,苏轼终于如愿以偿,以龙图阁学士出任杭州太守,领兵浙西。浙西太守可以管辖六区,包括现在的江苏。

临行前,83 岁的老臣文彦博特地来送他,劝他不要乱写诗。苏轼已经跨在马上,他大笑说:"一大堆人正等着要替我做注解,我若不写诗,许多人就会没饭吃了!"

元祐四年(1089 年)七月,苏轼抵达杭州,担任浙西钤辖兼杭州太守,时年 53 岁。他的弟弟苏辙由户部侍郎升任吏部尚书,封翰林学士,那年冬天苏辙出使契丹,历时 4 个月。

苏轼一到杭州便遇到了一起聚众闹事的事件。杭州盛产绢绸,国家每年要收取绢绸税。当时,杭州百姓交给国家的绢绸都是坏绢,苏轼命令收税的官吏拒绝接受这些坏绢。

第五章 重回京城

这样一来,就引起了一场骚动,有数百人聚集到太守衙门外闹事。苏轼下令逮捕了为首的颜章、颜益二人,闹事的才逐渐散去。经过调查,这二人本是当地第一等豪富之家的子弟,他们根本不是交不起租税,而是有意地在寻衅闹事。苏轼立即把他们判了徒刑。

有些百姓原本就不想交坏绢给政府,只是由于颜家兄弟的胁迫,不得已才那样做,这么一处理,就没有人再闹事了。

苏轼安顿下来后做的第一件事,是着手整顿州学。当时,杭州州学有学生200多人,但学粮常常不足。前任知州熊本曾上书朝廷,建议将废罢的书版赐给州学,由州学印书卖钱,作为学粮的经济来源;或将废罢的书版卖给州学,由州学印书卖钱,限10年还钱。

朝廷觉得这批书版的成本太高,既不愿意卖,又不愿意送,所以,州学学粮的经济来源一直没有得到真正解决。

苏轼到任后,限定五州学负责人进行调查研究,并算了一笔细账。实际上,原来造书版时,用掉1951贯499文,在此以前已得到净利1889贯957文。如果把这些书版赐给州学,实际只要61贯512文。于是,他立即上书朝廷,说明情况,请求朝廷将这些书版赐给州学,朝廷这才爽快地答应了。苏轼非常注重调查研究。我们做事也要调查研究,实事求是地解决问题,这样才能立于不败之地。

苏轼到杭州这一年,遇到了严重的自然灾害。春天大水,早稻没有种上,五六月间水退以后,种的晚稻又遭旱灾。这一带是水乡,早稻、晚稻都没收成,百姓明年可怎么过日子呢?如果明年再闹灾荒,又该怎么办呢?得有个比较长远的打算才行。

于是,苏轼向朝廷呈了一份《乞赈浙东七州状》,要求朝

廷宽减这一年杭州地区的上贡米。结果朝廷决定宽减三分之一,另拨上贡米20万石用来赈济灾荒。这一来,苏轼就有了应对灾情的资本了。

第二年的第一季度风调雨顺,早稻长势喜人。许多官员不认真考虑百姓的生计,按照官场的惯例,纷纷要求向朝廷报喜邀功,苏轼极力反对。

苏轼说:"收获季节未到,能不能丰收尚不可知。去年发生了灾荒,就好像是一个人得了病。如果今年再有灾荒,就像旧病复发了,这也没什么不可能的,我们千万不能掉以轻心!"

果然,这一年的年景又被苏轼言中了。五六月份,浙西一带山区陡降大雨,洪水把将要成熟的水稻冲了个一干二净。

苏轼又向皇帝呈请减缓上缴贡米,并把仓库的存米尽量拿出来救灾,总算渡过了难关。同时,苏轼还将朝廷批下来的一笔官署修缮费暂时挪用来救济灾民。第二年饥荒,整个辖区竟然没有饿死一个人。

那时候,杭州周边的医疗条件很差,伴随着灾荒往往要流行一次疾疫。杭州有人口50万,却连一家公立医院都没有,钱塘江口是海陆要冲,这里游人汇集,很容易传染瘟疫。

苏轼对此也有预防。当时,有几种药方相当灵验,苏轼令人用大字抄下药方,以布告方式贴在人口稠密的地方,以便让普通百姓也都知道。与此同时,他从自己的俸禄中捐献出50两黄金,又拨出部分公款,办了一个病坊,类似今日的医院,叫作安乐坊。

安乐坊设在杭州城中心的众安桥,是我国历史上最早的公立医院,这个医院收纳贫困无钱就医的病人。据有关记载,苏轼在任期间,这里前后医好1000多个病人。之后这个医院搬到西湖边,改名安济坊。苏轼离任以后,这里还继续给杭州百姓看病。

抗灾赈灾的同时,苏轼开始疏浚杭州运河。杭州城内的运河与钱塘江贯通,每次涨潮,都要带来不少泥沙,所以每隔三五年就要疏浚一次。每次疏浚运河,总要给杭州市民带来极大的灾难。

官府让市民缴纳疏浚工费不说,有些贪官污吏还借此机会敲诈百姓。他们故意放出话来,说是要把挖出来的污泥放在某个人家的门口,那个人家便赶紧向他们行贿,以求舍财免灾。贪官污吏们得到了钱财,便去敲诈另一家。

但污泥总要有个堆的地方,因此,行不起贿赂的人家便被封了门。苏轼听说后,决定根治这种官场恶习。他派人监督,将疏浚出来的淤泥,运到专门的地方堆放,堵住一些心怀鬼胎的污吏的生财之道。

与此同时,苏轼请了一些专家进行勘查,决定先把江水引向郊区的茅山河,然后再转到城里的运河中来。江水经过茅山河的沉淀,到城里运河时泥沙已经很少了。

此外,苏轼还和专家们商议,在茅山河到钱塘江的入口处,修了一道水闸,江水涨潮时水闸关闭,退潮时打开。这样一来,连茅山河的泥沙都少了很多。

整个工程从这年十月,即苏轼到任3个月后开始,到次年四月完成。疏浚后的运河,水深八尺,城内供水源源不断,客商往来十分便利。沿街生意兴隆,税赋大增,连疏通城内盐桥河计划的费用都省下了。

救灾刚刚进入尾声,苏轼又开始筹划为贫苦百姓减免积欠。多年以来,由于新法本身所存在的一些弊端,加上天灾及一些人为的原因,不少百姓新账压旧账,积欠累累。欠账像泰

山一样，压得他们喘不过气来。

哲宗皇帝继位后，为了笼络民心，对这些积欠大都下令减免了。但是从中央到地方，各级官吏为了自身的私利，往往制造各种借口不予减免。

一些贪官污吏还利用减免积欠的借口，对老百姓进行勒索。这样，朝廷的政策很难施行。如浙西一带因盐铁积欠的共有450户，自元祐元年（1086年）九月，朝廷下诏减免积欠以来，5年过去了，仅免了23户。这基本上等于没有施行减免政策。为此，苏轼心里十分焦急，他上书朝廷，除要求将这些积欠予以减免外，又要求将酒欠等也予以减免。

苏轼还看到，杭城的行政存在许多问题，比如官舍陈旧，军营漏雨，军备器械残破不堪，城门楼的屋顶可以望见天空，甚至有一栋房子倒塌，还压死过人。这些都是百年以上的建筑，是钱王时代建造的。前几任太守曾自筑新居，撤下旧房子。为此，苏轼特别向太后上书，要求拨款4万贯重新修筑官舍、城门、楼塔、谷仓等27处场所。

杭州城的供水系统和运河交通一样重要。18年前，苏轼任杭州通判时，曾经协助修缮引水干管。但是，18年后的西湖已经水草密布，淤泥过膝，湖床不断升高，再加上引水干管大多损坏，杭州市民只能喝到带盐的水，不然就要花钱买湖水，每斗水要一文钱。

苏轼决心尽快解决杭州城的饮水问题。他请教了以前监修干管的老和尚，得知干管由大竹筒接成，不能耐久，于是决定把干管全换成陶管，上下以石板保护起来。

要接通长达几百米的陶管，由一个水库通向另一个水库，这无疑是一个昂贵的计划，但苏轼没有退缩。身为当地的行政和军事统领，他派了1000名士兵来完成这项工程，一切都办得非常妥当。

与此同时,苏轼还考虑到,把湖水引入北郊的两个新水库,供应军营用水。完成这两个工程以后,杭州几乎每一个地区都可以用到西湖的清水。

虽然,由于时间的推移,这些拱桥和亭阁有所变化或磨损,但时至今日,它们仍然是西湖的胜景之一。

西湖疏浚工程完成以后,苏轼还让附近的农人在靠岸的水面上种些菱角,这样,农人们便自然会把岸边的杂草除掉。这既增加了他们的收入,同时保护了湖面不被杂草封闭。另外,每年收获以后,这些农民还可以向官署缴纳些赋税,真是一举三得啊!

不久,苏轼得到报告说,钱塘江中有一浮山,与渔浦诸山相望,犬牙交错,妨碍航行。有时江潮一来,潮水与山相撞,势如雷霆非常危险,每年吞没不少过往船只。

苏轼又向朝廷建议,在浙江上游的石门,重新开凿一条运河,以避浮山之险。当地百姓听说这一消息后都拍手称快,只可惜遭到朝廷中政敌的竭力阻挠终未实现。后来,苏轼只好在《相视新河次张秉道韵》中记下这件事,作为纪念:

……
我凿西湖还旧观,一眼已尽西南碧。
又将回夺浮山险,千艘夜下无南北。
……

正是由于苏轼为杭州百姓做了大量的好事,百姓便把苏轼视为神灵。杭州城不少百姓家里供着苏轼的像,他们每天向塑像膜拜。百姓们还自发议决,把苏堤上九座亭阁中的一

座立作苏轼的生祠，挂了他的画像，以追思他的功劳。

后来，苏轼在安徽阜阳任职的时候，又试行了几道更大的计划，准备开发江苏运河系统，即在苏州城外施行拖船驳运计划。此外，他还准备开发阜阳西湖——阜阳西湖与杭州西湖异曲同工。但他任职时间较短，有些计划没有实现。他所留下的翔实勘探和设计图，证明他具有工程方面的才干。

就这样，苏轼不负太后的赏识，埋头苦干，在不到两年时间里，完成了公共健康系统、供水系统、疏通盐道、重整西湖、平抑粮价的事情，并且不顾邻近州县官署的漠视，一个人热心赈灾。

救了灾，治了水，杭州出现了一片升平景象。更妙的是，救灾和治水工作同时进行，即所谓"以工代赈"。也就是说，官府拿出粮食赈济穷苦百姓，百姓吃饱肚子后，投入治水工程中去。这充分显示了苏轼治理地方的才干和关心百姓疾苦的品德。

太守官署在杭州城中心，但苏轼经常在葛岭寿星院一栋幽静的小屋内办公。他在寒碧轩或雨奇轩内看公文，雨奇轩因他的西湖诗中"山色空濛雨亦奇"一句而得名。

有些时候，他会去离城10余里的高山上办公，他叫随员带着旗帜和雨具走钱塘门，自己和一两个保镖乘船由涌金门穿过湖泊向西走。在普安寺用餐后，带几个文书到冷泉亭，一边谈笑一边完成当天的工作，批决公文"落笔如风雨"。办完事他会和僚属喝一杯，傍晚再骑马回家。

杭州百姓非常爱戴苏太守，常常对他的逸闻趣事津津乐道。最为人们所乐道的是，苏太守断案方式与众不同，对于因生活所迫而犯事的人，不光不治罪，还设法给予帮助。

有一天，有两个人到苏太守那里打官司。被告是个年轻人,以卖扇子为生。他借了人家的钱,迟迟不归还,人家把他拉来见太守了。

苏轼问被告说:"杀人偿命,欠债还钱,天下公理。你欠债不还,怎么可以?"

被告说:"大人,不是我故意不还他钱啊!去年我父亲死了,安葬费也是借的,就欠下一些债务。今年连连下雨,天气不太热,大家都不需要买扇子,我的生意难做。大人您看,我是实在还不起啊!"

苏轼沉吟了一下,对原告说:"我看他确实有实际困难,并非有意赖债,你还是宽限他些时间吧。"

原告顿时急了,说:"大人,想当初,我既然借钱给他,说明我们两个还有些交情,我岂能为逼债而得罪人?实在是我等着用钱,不然何至于到大人这里打官司?"

苏轼沉吟道:"嗯,你说得也入情入理。"于是,苏轼转向被告:"你卖的是什么扇子?"

被告说:"是绢制团扇。"

"是素扇还是绘扇?"

被告说:"有的画些花鸟虫鱼,有的什么也没画。"

苏轼说:"都有些什么颜色呢?"

被告说:"有鹅黄的,有蛋青,有翠绿,有粉红,还有白色的。"

苏轼又问:"你欠人家多少钱?"

被告说:"除了他的1万钱外,还欠两家,一家是5000钱,一家是2000钱。"

苏轼说:"你赶快回家,拿20把白色素团扇,我来帮你卖了还债。"

被告吃了一惊,说:"20把?一把扇子顶多只能卖15个

钱,20把扇子不过卖300钱,怎么够呢?"

苏轼笑着说:"我说够就够,快去吧。"

那年轻人满腹疑虑去了,原告还在一旁等着。不一会儿,20把白绢扇抱来了。苏太守就用判案的笔在扇子上画起来。他画的是草木竹石,旁边还配有草书题字,没有多少时间,20把团扇全部画完。

苏轼当即交给那年轻人,说:"来,拿出去卖吧,1000钱一把。"见太守这般说,原告和被告都惊呆了。

早有好事者报出信去,说太守要为穷卖扇子的画扇面促销。那些富家子弟、文人墨客及喜爱书画的人早就等在外面了。

年轻人刚一出来,20把扇子顿时被抢购一空。那人还了债,还剩下3000钱。于是,他又返回去,对太守说:"大人,还剩下3000钱,给您。"

苏轼哈哈大笑说:"年轻人,本太守的俸禄够用了,还没有穷到画扇面过家的地步,钱你留用着吧。"于是,那年轻人千恩万谢地走了。

还有一次,一个负责税收的官员押来一个逃税的人。这人真是异想天开,带了300匹阳纱,为了逃避纳税,竟冒充是苏轼捎给弟弟苏辙的东西,上面注明收件人是京城竹竿巷苏子由,下面的寄件人署名是苏东坡。但是,苏东坡的字体谁人不知,谁人不晓,那岂是能冒充得来的?于是,这人便被抓获了。

苏轼问:"你是干什么的?何事打本府经过?"

这人答道:"小人本是南剑州(今福建南平)人,名叫吴味道,准备进京应试。"

苏太守看了看他,说:"进京应试?你有50多岁了吧?"

吴味道说:"小人是有 50 多岁了。因学问不济,屡试不中,惭愧得很。眼下想再去试这最后的一次,如果仍然考不中,就死了这份心了。"

苏轼指了指那大包袱说:"这又是怎么回事呢?"

吴味道红着脸说:"唉,这让人怎么说呢。我家穷,京城又远,来回的费用准备不起,靠亲友们的帮助,勉强凑集了 10 万钱。如果能金榜题名,这些钱也够用了;如果名落孙山,回来的路费就没有着落。人穷生智,于是,我就想了个笨办法,买了 300 匹阳纱,准备捎带到京卖了以后,赚一些钱,这样回来的路费就有了。"

苏轼说:"这也罢了。但是,为什么要冒他人之名呢?"

吴味道说:"大人,您想啊,我要注明是货物,那到每一个地方都要被抽税的。抽来抽去,待到京师的时候,不仅赚不了钱,恐怕连本都保不住呢。"

听到这里,那个税官发脾气了,喝道:"一派胡言!"吴味道便惶恐地低下了头。苏太守看了看那个税吏,又看了看吴味道,然后对税吏说:"你很负责任,应该受到奖励,你先回去吧,这事等我问明白了再处理。"

于是,那个税吏便告退了。等税吏走后,苏轼对吴味道说:"你不要怕。你把话说清楚,我会从轻处罚你的。"

吴味道见太守说话和气,便把事情的原委和盘托出来了:"我就想啊,如今普天之下真正有心爱护读书人的,就是你们苏家兄弟了,所以才大着胆子冒你们的大名。即使出了事,想您也会原谅的。现在果然出事了,那就听凭您处理吧。"

苏轼笑了笑,说:"是要处理的。"说着,他站了起来,用手撕掉了原来的封签,又用断案的那支笔写了两张新的封签贴了上去。新签上的收件人地址和姓名以及发件人的姓名,都

与原来的封签一模一样。这一来,可真把吴味道惊呆了。

苏轼看着他吃惊的样子,又好气,又好笑,说:"老兄,这回就是被当今圣上捉住了,你也不必害怕了。"

一时间,吴味道不知如何是好,只是讷讷地说:"这个,这个!不好吧,不好吧!"

苏轼哈哈大笑,说道:"吴学究啊,你别客套了。去吧,考上以后,可不要忘了来探望我苏某人哟。"

就这样,假封签换成了真封签,吴味道果然一路平安地到了京城。第二年春天开选,吴味道一举得中。事后,他专程来杭州答谢苏轼,苏轼款待了他好几天,从此两人成了好朋友。

此外,苏太守提携后学的故事,广为杭州百姓传诵。话说,当时苏轼手下有一个叫毛滂的小吏,是衢州人。他早年科举失意,于是寄情笔墨,写了不少诗词。虽有才华,又在苏轼治下做官,但未被发现。

毛滂因怀才不遇,经常借酒浇愁,寄情于青楼酒馆。他结识了一个叫琼芳的歌妓,两人一唱一和,珠联璧合,情投意合。

一天,毛滂告诉琼芳:"我三年法曹任期已满。看来,新来的苏太守没有继续任用我的意思,我只好辞官回家了,现在特来告别。"

二人恋恋不舍。琼芳劝毛滂不要走,可是毛滂总觉得自己怀才不遇,几任太守都不赏识自己,于是执意要回家另谋生路。

临行前,琼芳恳请毛滂为她填词一首作纪念,毛滂答应了琼芳的恳求,连夜为她填好了词。次日一早,毛滂离开杭州上路,琼芳一直把他送到富阳的一座寺庙前,才依依不舍地分手。

几天后,苏轼在湖滨宴请宾客,酒席间有几名歌妓助兴。

琼芳也来了,并在席间演唱了一首《惜分飞》:

> 泪湿阑干花着露,愁到眉峰碧聚。此恨平分取,更无言语空相觑。
> 断雨残云无意绪,寂寞朝朝暮暮。今夜山深处,断魂分付潮回去。

苏轼听罢,感到词写得情真意切,语尽而情不尽,酷似秦少游之作,绝不是等闲之辈所能写得出的。于是问琼芳说:"你唱的词出自何人之手?"

琼芳起初有些吞吞吐吐,最后还是如实相告:"这首词不是什么大人物所作,乃是前日刚刚辞官的法曹毛滂所作。他临行时送奴的。"

苏轼听说后,连声说:"惭愧,惭愧。本府僚属中竟有如此才华出众的词人,我竟然一点儿都不知道。是我失察呀,是我失察呀!"

于是苏轼当即行文,令公差将毛滂追回来。毛滂回来后,苏轼向他表示歉意,并为他接风洗尘。从此以后,两人成为词坛挚友,经常有诗文往来唱和。一时间,毛滂文名大震。

毛滂从一个默默无闻的法曹,一举成为名闻天下的词人。其中,有个人勤奋努力的因素,同时也因为有苏轼这样的伯乐才未被埋没。后来,在苏轼的举荐下,毛滂先后做了武康(今浙江德清)县令、嘉禾(今浙江嘉兴)太守,并且深得哲宗皇帝的器重。

再次离朝,造福颍州

元祐六年(1091年),苏轼在杭州三年的任期未满,又被召回京城,担任吏部尚书。临别时,苏轼作一首《八声甘州·寄参寥子》词送给好友参寥:

　　有情风、万里卷潮来,无情送潮归。问钱塘江上,西兴浦口,几度斜晖。不用思量今古,俯仰昔人非。谁似东坡老,白首忘机。
　　记取西湖西畔,正春山好处,空翠烟霏。算诗人相得,如我与君稀。约它年、东还海道,愿谢公、雅志莫相违。西州路,不应回首,为我沾衣。

参寥与苏轼肝胆相照,友谊甚笃。早在苏轼任徐州知州时,他专程从余杭前去拜访。苏轼被贬黄州时,他又不远千里,到黄州与苏轼伴游。

这次苏轼任杭州太守,他又到杭州拜会苏轼;甚至在日后苏轼被贬岭南时,他还打算前去拜访。苏轼闻讯后,去信劝阻,参寥才取消了这个计划。

《八声甘州·寄参寥子》词,以景语发端,情景交融,格调高远。写景、说理的核心只是一个情字,抒写出作者历经坎坷后了悟人生的深沉感慨,极为后世称道。

苏轼还没有到达京师,弟弟苏辙已经被任命为右丞,所以朝廷改授苏轼为翰林承旨。苏辙不接受右丞的官职,希望同哥哥一起充当从官，未被允许。因此，两个人只好勉强就任。

苏家两兄弟都位居高官，他们的政敌更是惊慌，于是对他们展开了猛烈的攻击。这次冲锋陷阵的人名叫贾易，是程颐的得意门生。

贾易很有辩才，他列举了苏轼的几大罪状：第一，在杭州私自逮捕了颜章、颜益，没有申报朝廷就判了徒刑，这是目无君长；第二，在杭州屡次谎报灾情，骗取救济，而邻近的州郡向皇帝报告的都是丰收，这是为了讨好地方而眩惑朝廷；第三，为了自己玩乐，大修西湖，劳民伤财。更有甚者，在修西湖时，居然还动用了军队。

幸好，许多事稍作调查，真相便不辩自明。况且，老太后和小皇帝对苏轼的为人十分了解，所谓修湖玩乐以及目无君长都是欲加之罪，因此不予理睬。

此外，政客们还拿苏轼的一首诗攻击他，那还是几年前苏轼辗转东南时在扬州写的，小诗写道：

此生已觉都无事，今岁仍逢大有年。
山寺归来闻好语，野花啼鸟亦欣然。

当时，苏轼漂泊已久，身心疲惫，一直想在常州买座房子，再置几亩田，定居下来。因为听说托朋友买的田宅有了着落，高兴地写了这句"山寺归来闻好语"。没料到，事隔多年，被人揪了出来说有怨恨先帝的意思。原来这年三月里神宗去世了，苏轼怎么可以说"闻好语"呢？

苏轼一听，当即就头大了，真是有口莫辩啊！幸亏苏辙耍了个花枪，说这首诗是在先帝神宗驾崩两个月以后写下的，因此"闻好语"应当是指哲宗皇帝即位喜事罢了。

这下子,苏轼的政敌们没有说辞了。高太后更不搭理他们的喋喋不休了。

苏轼一回京就遭到别人的攻击,心里觉得非常窝囊。先前,为避免受人猜忌,兄弟二人还一直争论该由谁出京避嫌,现在不用再争辩了。于是,苏轼递上辞职信,迫切希望撤离京城。他越是要求离京,政敌们越觉形势严重,他们甚至说苏轼上表辞职,是运用压力争取相位。

高太后和哲宗皇帝见他刚回来便引起纷争,无奈之下,只好批准他往颍州当太守。反对派的目的不过是想把他赶出京城,所以,他一走,许多诘难就不了了之了。

苏轼于五月二十六日抵京,仅在京师上任短短3个月。八月五日,苏轼以龙图阁学士知颍州军州事。欧阳修晚年曾在颍州做太守,最后死在那里。死后,他的儿子欧阳叔弼仍居住在那里。

另外,那里还居住着一个名叫赵令畤的皇族子弟,这个人很有文才,如今在颍州任职签判,他与苏轼很合得来。

与在杭州时一样,苏轼在颍州当太守时,也常常在颍州西湖办公。他在《泛颍》诗中写道:

> 我性喜临水,得颍意甚奇。
> 到官十日来,九日河之湄。
> 吏民笑相语,使君老而痴。
> 使君实不痴,流水有令姿。
> ……

为此,他的朋友秦观写诗道:

十里荷花菡萏初,吾公身至有西湖。

欲将公事湖中了,见说官闲事亦无。

这诗是说,在十里荷花初放的时节,苏公在西湖上办公,每天的公事都能在湖上办完,不知道的人还以为官闲没有事情干呢!

到颍州后,苏轼看到这一带的沟渠因年久失修,已不能发挥其应有的作用。颍州也有一个西湖,本来风景优美,后来却逐渐淤塞干涸。苏轼调查后,立即奏请朝廷将治理黄河的役夫调 1 万人到颍州,帮助整修了颍州的沟渠,疏浚了西湖。

当时,陈州(今河南淮阳)一带闹水灾。有人主张挖一条 8 丈宽的河沟把陈州的水引入淮河。苏轼来到颍州后,随即派人去测量,结果发现,淮河水位几乎比陈州高出了 1 丈,如果这条沟开成,不但不能排水,淮水还会倒淹过来。为此,苏轼迅速向朝廷上了一篇《奏论八丈沟不能开状》,及时制止了这项劳民伤财、贻害后人的草率工程。

元祐六年(1091 年),颍州收成不好,苏轼看到灾民成群结队由西南向淮河北岸流徙。他们剥下榆树皮,与马齿苋、麦麸一起煮着吃。随之而来的是流寇滋生,老弱倒在路边,年轻力壮的就加入盗匪行列。看到这一切,苏轼的心里非常难受,于是尽力救济灾民。

这年除夕,大雪纷飞,苏轼拉着签判赵令畤登上了颍州城头。苏轼向雪中指了指,对赵令畤说:"你看到了什么?"

赵令畤顿时觉得莫名其妙,说:"没什么呀,不就是来来往往的人吗?"

苏轼叹了一口气,说:"这就是视而不见啊!你想想,今天已经是除夕了,老百姓还在雪地里奔波,这是为什么呢?是因

为衣食无着啊！你说，我们这些当父母官的应该怎么办？"

苏轼能想百姓所想，急百姓所急，我们也要关心他人胜过关心自己，这样才能共创双赢。

赵令畤顿时明白了太守的意思，于是说："现在仓库里还存有几千石粮食，您的意思是说……"

苏轼说："对了，我就是这个意思。那你看呢？"赵令畤于是说："那就照太守的意思办吧。"

于是，元祐七年（1092年）春节，苏轼在颍州开仓放粮，救活了一方百姓，安定了社会秩序。但就在他准备大干一番的时候，皇帝又来了诏命，任命他为扬州太守。

扬州、定州，文武并重

元祐七年（1092年）二月，苏轼奉调扬州。扬州，旧名江都，是大运河的入口处。它南面的瓜洲，与长江南岸的镇江隔江相望。

春暖花开时节，苏轼乘船沿颍河入淮河，顺水行舟，前往扬州任所，船行非止一日，来到扬州地面。这年农作物长势很好，沿途的庄稼地里绿油油的一片，特别喜人。

不久，苏轼就发现有些不对头的地方。原来，这时已是阳春三月，按惯例，田间地头应该有农人开始忙碌了，可是这时候却连一个人影也见不到。

苏轼非常纳闷，决心一探究竟。他命人停下船，遣开侍从，带着小儿子，向不远处的一个村子走去。村子里虽然绿树成荫，春意盎然，仔细一看，竟然十户九空。好不容易找到一个

第五章 | 重回京城

老汉,苏轼客气地打了招呼,自称是过路的客商,问道:"今年庄稼长势这么喜人,村子里为何不见一个人影呢?"

老汉叹了一口气,说:"这是因为欠了官债,许多人都躲债去了。"原来,青苗法虽然已经废除了好多年,但百姓欠的官债却还难以偿清。当地的百姓最怕丰年,因为官吏和士兵会来逼他们还贷款的本金与利息,不然就会抓他们下狱。

苏轼听说后,心里非常沉重。一到任所,他便把沿途所见写了一篇详细的奏折,上奏说:

> 我听孔子说过,残酷的吏政比老虎还猛,过去我总是不信这话,现在看来,觉得今天的情况比孔子所说的还要厉害呀。水灾旱灾杀人的数目,远远多于吏政。人民害怕积欠,比害怕水旱还厉害。我曾经自己私下推算,每个州催收积欠的吏卒有500多人,这样从整个社会来看,常常有20多万虎狼般的吏卒散在民间,老百姓怎么安生呢?朝廷的仁政怎么能够推行得了呢?

并给高太后写了一封信说明这件事的严重性:

> 老百姓在凶年的饥馑和丰年的牢狱之灾中进退不得,虽然朝廷早已下令减免新法的赋税,可是有的地方硬是不执行,这可怎么得了啊!

这年七月,苏轼的奏折终于起了作用,朝廷再次公开下达文书,免除了扬州百姓的这笔官债。扬州百姓拍手称快。苏轼很高兴,他在《和陶饮酒二十首》第十一首中写道:

诏书宽积欠,父老颜色好。

苏轼一到扬州,首先罢除了一年一度的"芍药万花会"。万花会的由来如下:

万花会最初起于洛阳。自唐朝初年以来,洛阳牡丹非常有名,名品辈出,天下闻名,素有"洛阳牡丹甲天下"的美誉。

宋真宗时,大臣钱惟演在洛阳任西京留守,开始举办牡丹万花会。每年牡丹盛开时,凡是洛阳城内比较热闹繁华的地方,从地上到高高的梁柱上都绑上许许多多贮水的竹筒,在竹筒里插上各色品种的牡丹花。举目一望,满城皆花,所以称作万花会。

钱惟演为了逢迎皇上,还在洛阳和汴京之间设立驿站,年年向朝廷快马运送牡丹,供官家赏玩。地方官吏也层层效法,巴结上司。他们往往强取豪夺,百姓苦不堪言。一些商人见有利可图,竟投机取巧,做起牡丹生意来了。如当时一朵姚黄牡丹的价钱竟高达一二十万钱!

当时,扬州的芍药也很有名。先前,大臣蔡京做扬州太守时,参照洛阳牡丹万花会,在扬州大搞芍药万花会,每年用花十多万株。这么多的花,除扬州城内的花以外,还要从周围一些郊县远道运来。一些贪官污吏趁机敲诈勒索花农及百姓,弄得怨声载道。

苏轼当年路过洛阳时,就听百姓说牡丹万花会劳民伤财,害人匪浅。到扬州任上后,发现本地老百姓对芍药万花会深恶痛绝。于是,苏轼当即决定,取消芍药万花会。消息一传出,全城庆贺,百姓载歌载舞,交口称赞。

苏轼在扬州任上办的第三件好事,就是为许多漕运船夫谋得了福利。扬州地处大运河,有不少船夫担负着朝廷漕运的徭役,即运送粮食、丝绸等上京城去。从前,这些运送物资的货船,还可以附带一些私人货物,运费收入归船夫所有。

最近几年,地方长官立下新的规定,一律不准私载货物。这样一来,朝廷付给船夫的补助不够养家糊口,船夫为生活所迫,只好偷卖官家的货物,结果弄得对朝廷和对个人都十分不利。为此,苏轼要求恢复原来的办法,结果被批准了。

就在苏轼准备安下心来整顿扬州的吏治的时候,小皇帝和老太后又开始折腾他了。元祐七年(1092年)八月,苏轼到扬州还不到半年,又被调回京城去了。苏轼此次被调回京后,不再担任知制诰的职务,改任兵部尚书,接着改任礼部尚书。

苏轼照例要求改任外职,仍然没被批准。不过,由于这两个职务不像翰林学士那样重要,所以攻击他的人相对来说也就少了许多,苏轼就应付得来了。

苏轼由扬州回京,先后当了2个月的兵部尚书、10个月的礼部尚书;他弟弟官拜门下侍郎。苏夫人曾陪皇后祭拜皇陵,享受贵妇一切的荣宠。苏轼的孩子们都已娶亲,留在母亲身边。苏迈34岁,苏迨23岁,苏过21岁。次子苏迨娶了欧阳修的孙女。

元祐八年(1093年),苏轼的夫人王闰之去世,时年40岁。王闰之是在农村长大的,纯朴而善良,在丈夫得意的时候,她提醒他处处小心;在丈夫失意的时候,她给予体贴和慰藉。她对堂姐王弗所生的苏迨和自己生的苏过一样疼爱。她的英年早逝,无疑给苏轼带来了巨大的痛苦。

王夫人新婚不久就陪着苏轼离开家乡,辗转漂泊,两人历

尽世道艰险,始终相濡以沫。就在苏轼人生涯最辉煌的时刻,她却撒手人寰。此时的苏轼已经是57岁的人了,又失去了老伴,令他悲伤难抑。

王夫人的葬礼非常隆重,她的棺材放在京城西郊的一座古寺中,准备将来苏轼去世后再合葬在一起。

苏轼为夫人写的祭文措辞恰当,古雅质朴,文中说她是贤妻良母,待前妻的儿子如同己出。他说她分享他一生的起伏荣辱,心满意足,希望自己将来和她葬在同一墓穴。百日之后,苏轼请名家李公麟画了一张十菩萨像,祭献给她,还叫和尚做法事,保佑她平安升入极乐世界。

不久,新的打击接踵而至。九月三日,高太后病逝。这位老太后是苏轼的保护人,要不是她,苏轼之前的厄运也许永远都没有到头的一天。贤明的老太后早就感到政风将变,因为孙子在她身边成长,她太了解他了。

太后死前10天,范纯仁(名臣范仲淹之子)和苏辙等6位大臣前去探病。

太后说:"我的病体大概无法复原了,不能长期看护着你们,你们要尽力侍候小皇帝。"

大臣即将告退,太后指名要范纯仁留下来,于是哲宗叫别人退开,只剩下范纯仁和吕大防。

太后问范纯仁和吕大防:"皇上年幼,神宗委托老身治国。九年里,你们可曾看到我特别照顾娘家?"

原来,朝中曾传闻太后谋反,要立自己的儿子为帝,因此,太后才有这样的问题。

吕大防说:"没有,太后未曾厚待娘家,一切都是以国家社稷为重的。"

太后含泪说:"正是如此,所以老身临死才见不到自己的儿子和女儿。"

原来,太后为了避嫌,让自己的娘家人都离开了京师,在外地任职。

吕大防说:"太后稍安,必能康复,请听从医生的劝告。您现在不该说这些事情。"

太后说:"不,今天当着你们的面,我要对皇帝说几句话。我知道我死后会有一些大臣愚弄他,你们要当心!"

稍后,太后支走了小皇帝,对吕大防和范纯仁说:"在我死后,你们还是辞官归隐吧。我认为皇帝会任用一批新人。"

不久,太后离世。亲政的哲宗皇帝年方18岁,除了略通文墨之外,他对治国安邦谋略全然不懂。他从小对祖母怀有恶感,一直渴望有朝一日摆脱她,大展拳脚。

可是,一个18岁的孩子有什么阅历和主见呢?祖母在世的时候,他还有些倚仗,可以远离小人。如今祖母去世,他自己当家作主,立刻就被一群小人包围起来了。

他们向他撒了一个弥天大谎,说早些年太后曾经想废掉他,另立别人当皇帝。他们又说,高太后之所以这样做,全是执政大臣们的挑唆。

因此,哲宗非常憎恨眼下的执政大臣。不久,在这些人的唆使下,已经被罢官的章惇、吕惠卿等又被调回京来,予以重任。这时的新党,本质上已同旧党没有多少区别,他们的使命不是搞什么变法,而成了一个争权夺利小集团。

苏轼因为反对"尽废新法"而遭到保守派的攻击和陷害,但新党得势后,他又被作为旧党对待。

这期间,苏轼的另外一个职责是兼任皇帝的侍读。侍读,实际上就是老师。因为是师生关系,所以彼此说话比较随便。谁知苏轼因此得罪了小皇帝。

苏轼在一份《谢表》中附带向哲宗提出，让他注意六事：

一是慈，二是俭，三是勤，四是慎，五是诚，六是明。

这本来是老师对学生的一般教导，算不得什么大事。可是小皇帝本来就对他耿耿于怀，现在对苏轼更加不满起来。

不久，哲宗找了一个借口，派苏轼前往定州（今河北定州）当太守。这次外调算是诏命，不算贬谪。苏轼一听，大喜过望。他原本就不愿意在京城任职，这样一来倒是"正如所愿"。

不过，他怕小皇帝再受人愚弄，想以自己侍读的身份，在离开京城的时候再见一下皇帝，提示一下小皇帝。哲宗皇帝不愿意听他唠叨，推说事忙不予接见。

苏轼没有办法，只得写了一份《朝辞赴定州论事状》递了上去。他婉转地劝诫皇帝：

什么事都要三思而行，不要急着下结论：凡事以三年为期，一件事，如果能留意三年，该做不该做，心里就有数了；一个人，如果观察上三年，是好人还是坏人，该用不该用，心就有数了。

九月二十七日，苏轼离开京师，十月二十三日到达定州任所。当时，定州是临近辽国的军事重镇，苏轼兼任这个地区的军事长官。苏轼到任以后发现，这里不仅政令软弱混乱，而且武备也很松弛，这让他十分吃惊。

苏轼安顿好后，立刻着手整顿军备。当时定州的军政腐败，贪污成风，士兵的薪饷本来就很低，这一来更是缺吃少穿了，住的军营也破烂得一塌糊涂。兵不像兵，官不像官，打架斗殴,酗酒赌博,无奇不有。这样的军队,如果遇上战争,怎么可能有战斗力呢?苏轼一面修整营房,处分贪污军吏;一面加强训练,改善军人伙食。

有的士兵见新来的太守办事如此认真,便纷纷前来揭发:有人夜入仓库,盗卖兵器和作战用的锣鼓;还有人白天是兵,晚上是盗,专门外出抢劫百姓的。真是五花八门,不一而足。

苏轼经过调查,一一作了处理,使定州军队面貌出现了新的气象。他明白,这只是一个开端,国家的积弊、地方的积弊已久,只有经过长治,才可能有久安。

在这里,士兵普遍胆小体弱,行军数十里就累得气喘吁吁,汗流满面。有一次,苏轼要进行一次作战演习,士兵们以为真要打仗了,他们的妻子儿女听说之后,都纷纷前来泣别,弄得洋相百出。

苏轼看在眼里,心里非常沉重。他断然取消了这次演习,向朝廷写了报告,希望拨些军费,好使他大力整治定州军政。

不过,令苏轼稍感欣慰的是,当地的民兵组织有很强的警惕性和战斗力。自真宗澶渊之盟以后,宋、辽双方约定,都不准在两国交界处布防。

为了防备对方的袭击,当地百姓组织了弓箭社,不论家业贫富,每户出一人,推选武艺出众的人为头领。他们自立赏罚纪律,比官军还严格。

这些民兵锄地的时候身上背着弓箭,砍柴的时候腰里挂着刀剑,一面劳动,一面守卫边防,夜里轮流值班巡逻。一旦有了敌情,他们就击鼓集合,刹那间便有成百上千的民兵,集中在一起。

苏轼认为,这种弓箭社的形式特别能够应对边境的突发局势。于是,他向皇帝上了一篇《乞增修弓箭社条约状》,要求

加强这个民间军事组织,国家适当给他们些补助。

在苏轼的积极支持下,当时仅定州、保州就有588个村庄,组织了651个弓箭社,总计达31411人,这个数字,竟然比当时驻守的边防禁军还要多出6000余人。苏轼还准备对此进行一次整编和扩充,他充满信心地说,这样一来,就可以"使北贼望风知畏",再也不敢越边犯境了。

这一年,定州又赶上了灾荒。苏轼立刻写了一份表状,要求将库存的粮食减价两成卖给老百姓,以免米价上涨。他还怕有无钱买米的饥民,所以又上了一份表状,要求借一部分粮食给饥民。

就这样,在苏轼的治理下,地处边境、荒凉贫瘠的定州地区,出现了一片欣欣向荣的景象。就在他准备安下心来,悉心治理定州的时候,厄运再一次不期而至。

坡翁笠屐圖 餘們寫

第六章 晚年漂泊

被贬惠州,不忘利民

章惇掌握大权后,一帮小人结党百般讨好小皇帝。他们知道,皇帝不喜欢皇后孟氏,只宠爱刘婕妤,便与刘婕妤串通起来订了一条毒计,让刘婕妤假装胸口痛,说是皇后使的妖法。结果,果然激怒小皇帝,逼皇后出家修行,把刘婕妤升为皇后。

第二年,哲宗将年号改为绍圣,意思是继承先帝神宗的遗愿。这年夏天,绍圣新政开始了。在章惇的主持下,被贬在外的新党骨干分子被一个个地调回京师。而司马光旧党的一班人马,被一个个逐出朝廷。

司马光的家产被充公,其子女的官衔和俸禄都被取消,墓园被拆毁,墓碑被砸碎。照章惇的意思,还要把司马光从坟墓里扒出来进行鞭尸。有一个名叫许将的大臣实在看不过去,斗胆进言阻止,哲宗才没批准。

这场灾祸牵连之广,让人始料未及。就连91岁的老臣文彦博都被逐出了京师,不久客死他乡。这老头儿生前可是个老好人哪,一直以来,无论是新党得势,还是旧党得宠,他哪一派也不参加,对谁都不得罪,可是照样不得幸免,其他人的遭遇就可想而知了。

苏轼与章惇结交于青年时代,对于章惇,苏轼当时只觉得这个人胆识非凡。几十年过去了,苏轼才明白,这种非凡的胆识后面其实隐藏着阴毒一面。

元祐年间(1086—1094年),章惇虽然被排除在政坛之外,

但苏辙在京里官拜副相,得罪这批新党人物在所难免,章惇要报复是一定的,只是不知他会使什么样的手段。

绍圣元年(1094年)四月,苏轼先是在定州太守任上被罢免了端明殿学士、翰林学士的职务;接着便被追夺了他定州太守、左朝奉郎的身份,改知英州;紧接着又被降为左承议郎。

从定州到英州(今广东英德),直线距离也有数千里。在交通不发达的年代,奔赴这么远去上任,真是谈何容易啊!当时的官吏调动,原任所有人送,新任所有人接,赴任的官吏沿途游山玩水,好不自在。但是,被贬谪的官员却享不到这样的优待。定州的人员,送不多远就要回去,英州根本没有人来接。从定州到英州,相隔千山万水,若不是苏轼心胸宽广,遇事乐观,恐怕是到不了任所的。

绍圣元年四月,苏轼带领一家老小离开定州任所。这时候,他已经是58岁的老人了,两眼昏花,实在受不了陆地行走的劳累。他要求乘船从水上进发,小皇帝批准了。

苏轼不愿意家人跟着受苦,决定独自前往贬所。而亲人们如何肯让年近60岁的老人跋山涉水,独行千里?不过,一大家子老老小小,并不适合远行。最后大家商议决定,让长子苏迈和次子苏迨带着家人暂回常州宜兴田庄居住,苏轼带着幼子苏过、爱妾朝云往英州任所。

苏轼走的这条水路,是唐代韩愈遭贬谪到南方时走过的路。当年韩愈被贬,很快就被召回了,苏轼隐隐希望自己的贬谪也是短暂的。然而,此刻朝中侍御史虞策正再度提起苏轼的案子,认为对苏轼的惩罚太轻,决定追贬。

同年六月,苏轼在赴英州途经安徽当涂时,新的诏书下达了,他被贬为宁远军节度副使,惠州(今广东惠州)安置,不得签书公文。

第六章 | 晚年漂泊

惠州地处偏远的岭南。五代时,那里是南汉国的所在地。后来,经太祖赵匡胤开疆拓土,纳入了宋皇朝的版图,才开始设置州县。

宋代的时候,那里还是没有开发的蛮荒之地,除了当地的原住民,中原人很少涉足。由于气候湿热,外地人往往不习惯在那里生活,更因受不住"瘴毒",身体容易生病。所以,犯了罪的官员,往往被贬谪到那里。

太祖开国之初,曾在政事堂外立下碑石,令子孙后代不得杀戮士大夫。因此,在宋代,对大臣最重的惩罚,就是贬谪到大庾岭以南。

元祐(1086—1094年)初年,蔡确被贬,最初的决议便是发到岭南去,结果执政的吕大防反对。他恐怕此例一开,后人效仿,也许同样的命运会落到自己头上。

照此看来,元祐诸臣还是要纯良一些。而哲宗亲政之初,第一个被贬到岭南蛮荒之地的,就是他的老师苏轼;章惇拜相,第一个被贬到岭南蛮荒之地的,是他昔日的朋友苏轼。

苏轼接到圣旨后,并不感到奇怪,这本来在他的意料中,不过远了数百里,得在路上多走些时日罢了。苏轼门生张耒当时在靖江担任太守,派了两名老兵一路侍候他。

船过庐山,却得到新邸报的官员派差役来追,勒令苏轼将官方供给的船只缴回。当时已经是晚上了,苏轼好说歹说,来人才勉强同意等苏轼他们第二天靠上埠头,自己雇好船以后,再来缴回官船。

一路上,到处都需要花费,苏轼顿时感到手头非常吃紧。他一向不善理财,没什么积蓄,一大家子从北方的定州走到南方,长途跋涉而囊中羞涩,只好向弟弟苏辙求助。

当时,苏辙被贬汝州,前途莫测,仍然一下子就拿出了

7000缗钱资助哥哥。这笔巨款给了苏轼很大的帮助,使他在艰难的贬谪生活中有了基本的生活保障。

苏轼乘船而行,船到九江以南的鄱阳湖,又传来第四次贬官的诏书。这一次,苏轼被贬为宁远军节度副使,仍于惠州安置,不得签书公事。苏轼在几月之内,被几次追贬,这在历史上实属罕见。

不久,苏轼路遇阔别多年的老友苏坚,当时苏坚也被贬赴澧阳(今湖南澧县)任所。两个人都行色匆匆,不及久叙,泣别之际,苏轼作《归朝欢·和苏坚伯固》相赠。暮年离别,令人黯然伤怀。这首词气象高健,堪称苏轼离别词的代表:

我梦扁舟浮震泽。雪浪摇空千顷白。觉来满眼是庐山,倚天无数开青壁。此生长接淅。与君同是江南客。梦中游,觉来清赏,同作飞梭掷。

明日西风还挂席。唱我新诗泪沾臆。灵均去后楚山空,澧阳兰芷无颜色。君才如梦得。武陵更在西南极。竹枝词,莫摇新唱,谁谓古今隔。

这年的九月,苏轼翻过有名的大庾岭。那是古代由中原地区赴广州的必经之地,是一条遥远危险的旅途,多少旅客在那里有去无回。途中一条铺石头的路,在关隘两侧各有三四百米长,道旁有浓荫茂密的树,走到那里的人无不喟然兴叹。

苏轼立在山峰上,只觉得头上云天近在咫尺,自己犹如梦游一般,不知肉体身在何处了。过了关隘之后,他游历了南华寺,那是一处中国佛教禅宗的圣地。

对于传说中岭南恶劣的自然条件,苏轼心里是有准备的。但是一翻过五岭进入岭南地区,情况竟然出乎他的意料。原来那里是一个美丽的地方,一片葱绿,特别是甘蔗、橘子、香蕉、荔枝,遍地都是,这真使他高兴极了。苏轼常常能够在逆境中找到快乐。我们也要在困难的时候看到光明,看到希望。

不过,那里文化很不发达,当时有名的学者很少到那里去。当地的官员和百姓听说全国第一流的大学者被放逐到这里,无不欢天喜地。

绍圣元年(1094年)十月二日,苏轼到达惠州贬所的时候,百姓们自发地跑出城外,提着酒、端着肉来迎接他。场面热烈,比欢迎任何一任太守都隆重得多、热情得多。这让苏轼眉开眼笑,一路上的舟车劳顿顿时一扫而光。

苏轼每到一地,很快便会对那个地方产生深厚的感情,并且与那里的百姓结下深厚的情谊。苏轼在《十月二日初到惠州》一诗中写道:

仿佛曾游岂梦中,欣然鸡犬识新丰。
吏民惊怪坐何事,父老相携迎此翁。

苏轼在这首诗里说:"我初到惠州,便好像到了一个去过的地方,连鸡狗都好像是熟悉的,人们扶老携幼来欢迎我,还不断问我为什么事被贬到这里,真可算是亲密无间。"

惠州城东面,有两条河汇合。汇合处修有一座合江楼,站在合江楼举目四眺,山清水秀,景色宜人。当时已是初冬,北方也许已经是大雪纷飞了,可是这里还像春天一样。特别是北面的罗浮山,更是秀丽多姿。

当时的惠州太守叫詹范,仰慕苏轼的才名,对苏轼一家很好。他先把苏轼一家安置到合江楼,后又迁至嘉祐寺。这两

个地方都是有山有水的好去处，很适合苏轼一家居住。

附近的州县官吏听说苏轼来到惠州，也纷纷前来与他交往。每天不是这个有请，就是那个有约。有时候，他们干脆带着酒菜来苏轼的住处共饮。

不久，惠州太守詹范和博罗县令成为苏轼最亲密的好友。有时候，太守詹范会领厨师带酒菜到苏轼家吃一顿，有时候苏轼会邀朋友在城西的湖上喝两盅。大湖位于惠州的山脚下，旁边有一个大亭台和两座寺庙。苏轼偶尔会去钓鱼，坐在河边的大圆石上，钓到鱼后，他有时会把鱼带去太守家吃。

苏轼发现，此地每一家都会自己酿酒。他喝到第一口蜜柑酒时，就觉得自己仿佛在遥远的地方找到了真正的友伴。他给朋友的信中一再称赞当地的美酒，溢香而不凡，微甜而不腻，喝了使人精力充沛。他曾写诗大夸这种酒，说人喝多了觉得飘然欲仙，可以飞天涉水。

苏轼家里没有一天没有客人，没有一次客人来后不饮酒。于是，苏轼开始学酿酒，他把自己酿的酒称为桂酒。他每个月要自酿桂酒六斗，南雄太守、广州太守、惠州太守、循州太守、梅州太守也不断给他送酒。

朋友说，苏轼酿酒只是试验，他不是什么酿酒的专家，他的桂酒、真一酒等所以有名，并不是酒有名，只是人有名啊！连他的儿子苏过也说，喝了他父亲酿造的酒，常常要闹肚子呢。

苏轼的酒量不大，喝半升就醉了。不过，他喜欢看别人喝酒。看着对方那醉醺醺的样儿，苏轼便觉得非常开心，他还为此写了一篇《酒颂》。在这期间，苏轼至少写了五六篇酒赋。他将学到的酿酒的秘方刻在石头上，藏在罗浮铁桥下，说是要给后人留点儿遗产。

第六章 | 晚年漂泊

住了一段时间后,苏轼对岭南的风物更喜爱了。他在《惠州一绝》诗中写道:

罗浮山下四时春,卢橘杨梅次第新。
日啖荔枝三百颗,不辞长作岭南人。

苏轼又恢复了热爱自然的本性。他写信给朋友说,他来了半年,已经适应了当地的气候,心中无忧无虑。苏轼向往的生活,便是"作个闲人",现在他终于可以这样。他在《行香子》中写道:

清夜无尘,月色如银。酒斟时、须满十分。浮名浮利,虚苦劳神。叹隙中驹,石中火,梦中身。
虽抱文章,开口谁亲。且陶陶、乐尽天真。几时归去,作个闲人。对一张琴,一壶酒,一溪云。

苏轼为对岸松风亭所写的短记最能表达他的人生观。他搬到嘉祐寺之后,常常逗留在山顶的小亭里,有一天他正要回家,看到他家高高出现在树顶,路程颇远,双腿顿感疲倦万分。他转念一想:"此间有什么歇不得处?由是心若挂钩之鱼忽得解脱。若人悟此,当什么时也不妨熟歇。"

黄州老友陈慥写信说要来看他,由汉口到惠州很远,苏轼回了陈慥一封信,劝他别来。其他好友如杭州和尚参寥经常派信差带礼物、药品和信件给他。

苏州定慧寺有一位叫卓契的佛教信徒特地步行700里,带来苏家子女和亲朋的音讯。原来,苏轼的两个儿子住在宜兴,一直没得到父亲的消息,十分挂念。

卓契得知后说:"这其实很简单嘛!惠州又不是天上,你一直走,总会到的。"于是,他长途跋涉,翻山越岭,到惠州找到苏轼,抵达惠州时面孔晒黑,双脚也起茧了。苏轼故乡的另一位好友道士陆唯忠,也跋涉2000里去看他。

就这样,贬谪的日子似乎悠然自得。不久,苏轼便接到一个令人担忧的消息。自从他姐姐去世,他父亲和姐夫一家绝交,他们兄弟42年没有和姐夫程之才说过一句话、写过一封信,不过他们和程家其他的儿子倒有书信来往。

章惇得知他们有这个怨隙后,就派程之才到惠州担任提刑,处理重大的诉讼和上诉的案子,目的就是让程之才有机会刁难苏轼一家。

绍圣二年(1095年)一月,程之才抵达广州,那时苏轼刚到惠州三四个月。苏轼不知道程之才是不是有心忘却前嫌。于是,他通过一位朋友送了一封正式的拜函给程之才。

此时程之才已年届60岁,他很想弥合过去和苏家的争端,和这位出名的亲戚重修旧好。程之才接到信后,大喜过望,客气地回了信,并告诉来人,他要在三月间才到惠州。

为了不出差错,苏轼派苏过带一封信去接程之才,说自己"杜门自屏,省躬念咎"。

不久,程之才一行人到达惠州,与苏轼相聚。一时间,两个老人老泪纵横,抓着对方的手臂,有说不完的话。从此,他们的关系日渐亲密,彼此互寄了不少书信和诗篇。

程之才还要求苏轼为祖先写一篇短传,那人就是苏轼的外曾祖父。苏轼自然爽快地答应了。

苏轼的母亲本是程之才的姑母,程之才的曾祖父自然就是苏轼的外曾祖父。外孙为自己的外曾祖父写传,按说是分内之事。程之才觉得有这么一位大学者为自己的曾祖父作传,是非常光荣的。从此,两人尽弃前嫌,重归于好。就这样,阴差阳错,章惇的如意算盘落空了。

无论在什么地方,苏轼总是一个爱管事情的人。不久,苏轼与程之才的友谊变成了苏轼替惠州百姓谋福利的助力。他虽无权签署公文,却充分利用他对程之才的影响,为程之才做参谋。程之才也非常重视这个治理经验丰富的老学者、老亲友的意见。

在当时,惠州的粮食没有固定的价格。每当粮食收获的时候要落价,而当青黄不接的时候要涨价。官吏们为了赚钱,往往在收获的季节待农民交官粮的时候,说是仓库已满,已经盛不下了,于是改为了收款。

百姓卖两斗米才能得一斗米的粮款。苏轼见这是一个弊病,便通过程之才指出,这是对农民的变相剥削,倡议改变此法。为此减轻了农民的负担。

绍圣三年(1096年)大年初一,博罗县城发生火灾,全城都烧毁了。在苏轼的参谋下,惠州太守詹范放粮救济灾民,建立临时的居所,并防止抢劫。

当时,博罗县衙门全部被烧毁,需要重建。苏轼担心地方政府强征物力和民力,官吏会乘机敲诈剥削百姓,便设法叫程之才通令地方政府,维持市场的货源,不许强征民贷。他说,否则"害民又甚于火矣"。他开始关心本城的改善工作。

苏轼生性喜爱建筑。博罗县衙门工程完工后,为了方便当地居民出行,他又与太守、程之才、县令商量,建了两座桥,一条横越大江,一条横越惠州的湖泊。建桥的时候,苏辙的太太史氏捐出了一大堆朝廷当年赐给她的金饰。

这期间,苏轼还建了一座大冢,用来安葬许多暴露在荒野的无主的孤骨。骨骸安葬好之后,他为这些不知名的死者写

了一篇祭文。此外,他还在惠州城西的湖泊附近建了一个放生池。这个放生池,就是现在惠州有名的苏东坡放生池。

苏东坡还经常深入田间地头,与农民一起劳动。看到农夫在水田中涉水而行,弯着腰肢劳作,非常辛苦,他就发明了一种叫浮马的辅助插秧工具。

浮马就像在水面漂浮的一只小船,农人可以坐在上面插秧,用腿作为桨移动,马头正好用来盛稻秧。这个工具既可使劳动效率提高,又可以节省劳力,惠州的百姓都争相使用。

广州离惠州不远,太守王古是苏轼的朋友。苏轼得知广州常发生瘟疫,就写信建议王古设一个基金来建立公立医院,学他在杭州的办法。广州人也像杭州人一样,饮水不洁,这是疫病的主因之一,苏轼便帮助王古想法解决了这一难题。

广州地处海滨,居民多饮咸水,苏轼听说在广州郊区有一眼大山泉,若能把蒲涧滴水岩的水引到广州城里,就足够百姓饮用了。于是,苏轼又把自己在杭州疏通六井的方法告诉了王古,让他用大竹筒把山泉引来。王古很快完成了这个工程,从此,广州百姓便喝上了甜水。

苏东坡在惠州过着普通人一样的生活,还关注着与他一样的普通人的生活。他在生活上帮助岭南人,而岭南人也给他的晚年生活很大的慰藉,他与这片土地以及土地上的人民成了真正的知己。

在这里,苏轼与身份高身份低的各种人,如读书人、商贩、农夫等交往。闲谈时,他常常是席地而坐。他带着一条名叫乌嘴的大狗随意游逛,和村民在树下一坐,就畅谈起来。

那些庄稼汉知道他是大学者,都怕自己谈吐粗俗出洋相,于是说:"我们不知道说什么。还是您说,我们听吧。"

苏轼说:"那就谈鬼。就给我讲几个鬼故事。"

后来苏过告诉他的朋友说,若一天没有客人来,他父亲就会觉得心里空落落的。

有一天,苏东坡头上顶着一个大西瓜,在田地里边唱边走,遇到一个70多岁的老太婆。老太婆对他说:"翰林大人,你过去在朝当大官,现在想来是不是像一场春梦啊?"

苏轼听后,不觉得哈哈大笑。他认为这个老太婆非常懂自己的心思,打这以后,他就称她春梦婆。

有时候,苏轼闲逛后回家,遇到下雨,就借路上庄稼汉的斗笠、蓑衣、木屐,在泥水路上溅泥淌水而归。一路上,见到他的人无不哈哈大笑。苏轼自己也笑,这笑有洒脱,也有悲凉。

这期间,苏轼遇到了一件伤心的事,就是他的堂妹死了。他的这位堂妹,就是被人传为苏小妹的那个才女,苏轼很喜欢这位堂妹的才情。

苏小妹的丈夫叫柳仲远,是一个科举考试失意的穷学者,家住靖江。靖江离常州不远。苏轼多么想去祭一祭这位堂妹,可是路途遥远,自己又在贬居之中,不能如愿。只能写一篇祭文,举一杯清酒,在数千里外遥祭一下。

弟弟苏辙曾多次劝他少写文章,少发议论,怕再次惹祸上身。苏轼很难做到这点,他仍然写了很多诗文,最有代表性的首推这首《荔枝叹》的诗了:

十里一置飞尘灰,五里一堠兵火催。
颠坑仆谷相枕藉,知是荔枝龙眼来。
飞车跨山鹘横海,风枝露叶如新采。
宫中美人一破颜,惊尘溅血流千载。
永元荔枝来交州,天宝岁贡取之涪。
至今欲食林甫肉,无人举觞酹伯游。

我愿天公怜赤子,莫生尤物为疮痏。
雨顺风调百谷登,民不饥寒为上瑞。
君不见,武夷溪边粟粒芽,前丁后蔡相笼加。
争新买宠各出意,今年斗品充官茶。
吾君所乏岂此物,致养口体何陋耶?
洛阳相君忠孝家,可怜亦进姚黄花。

这首诗从东汉和帝永元年间(89—105年)在交州(今广东广州)进贡荔枝,写到唐玄宗天宝年间(742—756年)从涪州(今重庆涪陵)进贡荔枝,揭露了统治者为了让"宫中美人一破颜",不惜让沿途的百姓"填坑仆谷""惊尘溅血"的罪行,并直斥当朝丁谓、蔡襄、钱惟演之流只顾"争新买宠",不管百姓死活的嘴脸。

爱妾去世,痛失知己

绍圣二年(1095年)九月,皇室祭告先祖,照例要大赦天下。快到年末的时候,苏轼才知道元祐大臣都不在特赦之列。这个消息反而使他定下心来,决定在惠州养老送终。

苏轼写信给程之才说:

某睹近事,已绝北归之望。然中心甚安之,未话妙理达观。但譬如原是惠州秀才,累举不第,有何不可。

对曹辅司勋则写道:

第六章 | 晚年漂泊

近报有永不叙复指挥。正坐稳处,亦且任运也。……现今全是一行脚僧,但吃些酒肉尔。

既然北归无望,苏轼决心建一栋房子安居下来。这年下半年,他写了一封长信给王巩说:

某到此八月,独与幼子一人、三庖者来。凡百不失所,风土不甚恶。某既缘此弃绝世故,身心俱安。而小儿亦遂超然物外。非此父不生此子也,呵呵。……子由不住得书,极自适,道气有成矣。余无足道者。南北去住定有命,此心亦不念归。明年买田筑室,作惠州人也。

第二年三月,苏轼开始在河东一座四丈高的小丘顶上建造房屋,房址离惠州归善城墙很近,能看见河流北面转向东北的美丽风光。苏轼准备将这座房子取名为"白鹤居"。

这栋房子虽然历经战乱和岁月的风风雨雨,但至今仍在。苏轼的"思无邪斋"立在白鹤峰上,另一座厅堂名叫"德有邻堂",名字取自孔子的话"德不孤,必有邻"。

绍圣二年(1095年)七月五日,就在苏轼的新居快要完成的时候,他的爱妾王朝云却不幸患病去世。王朝云是杭州人,苏轼第一次谪居返京途中,她的儿子在襁褓中去世,使旅途平添了不少辛酸。后来她一直跟着他,如今又陪他再度流放岭南。

秦观曾写诗说王朝云美如春园、眼如晨曦。当时她还年轻,初到惠州时只有31岁,苏轼已年近花甲,但是白发红颜,两个人情深依旧。

王朝云聪明、活泼、有灵气,苏轼一生所遇的女人中,她

似乎最能了解他。有一则小故事,正说明了苏轼和她难解的缘分。

苏轼任杭州通判时,朝云只是苏轼家里的一个普通丫鬟。一日公事毕后,苏轼回到家中,闷闷不乐,看着在庭院里来去忙碌的家人,想到一家团圆,才觉得有些欣慰。

吃完饭,苏轼忽然兴起,叫住大伙儿,摸摸自己的肚子问道:"你们几人说说看,我这肚子里装着些什么呢?"

有的说是满肚子学问,有的说是满肚子文章,苏轼笑而不答。朝云则说:"学士满肚子的不合时宜。"

苏轼顿时拍掌哈哈大笑,从此对朝云另眼相看,引为知己。后来,苏轼离开杭州时,征得王夫人同意,将朝云纳为侍妾。

朝云非常敬仰苏轼这位大学者。苏轼晚年谪居岭南,因为有朝云相伴,所以在心灵上得到了不少慰藉。他常把朝云比作天女维摩。

在惠州,苏轼曾写了两首诗词给朝云。第一首诗是他抵达惠州两周内写的,称赞她不像白居易的侍妾小蛮离开年迈的主公,倒像通德终生陪伴伶玄。

朝云对道家长生术很感兴趣,又是虔诚的佛教徒,临死还念着《金刚经》的一道偈语:

> 一切有为法,如梦幻泡影。如露亦如电,应作如是观。

当时,苏轼的儿子苏过外出搬运木材,因此,直到八月三日,苏过回惠州后,朝云才得下葬。根据她的遗嘱,苏轼将她

第六章 | 晚年漂泊

安葬在惠州城西丰湖边的山脚下。那里靠近一座亭台和几间佛寺,墓后有山溪瀑布流入湖中。

坟墓所在地非常幽静,山坡级级下降,有如衣上的褶皱。正后方是一片大松林,站在墓边可以看见立在西面山脊上的小塔。两边都是佛寺,傍晚的钟声和松林的轻唱隐隐约约。

苏轼为朝云写了墓志铭,还写了一诗一词来悼念她。《悼朝云》中,遗憾她的孩子夭折,时光无情,往事不再,他只能以小乘禅经来送她。她来世间也许是补偿前债,一眨眼她就去了,说不定来生比现在好得多。

以前,苏轼曾写过三首诗描写松风亭附近的两棵梅树。那年十月,梅花又开了,他再度咏梅,以月光下的白梅来象征墓里的朝云:

玉骨那愁瘴雾,冰姿自有仙风。海仙时遣探芳丛。倒挂绿毛幺凤。

素面翻嫌粉涴,洗妆不褪唇红。高情已逐晓云空。不与梨花同梦。

丰湖是苏轼最喜欢的聚宴场所,朝云死后他就不忍再去,从此苏轼鳏居到老。次年二月,新居落成,苏迈带着苏过和自己的眷属来到惠州,次子苏迨一家留在宜兴。苏轼对他期望颇高,希望他准备赶考。两个儿子共有三个孩子,苏迈有两个,苏过有一个。

被贬海南，坦然以对

　　白鹤居坐落在山间，苏轼亲手在门前种下两棵橘子树。院子里，绿荫匝地，花木扶疏，幽径曲折。推开窗，尽收眼底的就是蜿蜒如白练的江流，在日光下缓慢而平静地绕过绵延的青山。山间松涛阵阵，清风入怀，也算略解苏轼晚年鳏居之苦。

　　苏轼满以为晚年可以定居惠州，没想新居落成不到两个月，他突然被贬到海外。据说，这次依然是苏轼的笔墨惹的祸。

　　有记载说，苏轼写了两行诗描述他在春风中小睡，聆听屋后庙院钟声的情景：

> 白头萧散满霜风，小阁藤床寄病容。
> 报道先生春睡美，道人轻打五更钟。

　　不料，这首诗歌很快传到了章惇的手里。章惇说："哦，原来苏子瞻在惠州过得这么惬意呀。好吧，那就让他再挪一挪地方。"于是，他和小皇帝一合计，又颁布了移居的命令。

　　章惇这个人太有意思了。据宋史记载，说他"豪俊，博学善文"，因为博学善文，所以非常幽默。比如，苏轼字子瞻，"瞻"字与海南儋州的"儋"字同形，于是章惇就将苏轼贬到儋州；苏辙字子由，"由"字与海南雷州的"雷"字同底，于是章惇就将苏辙贬到雷州；黄庭坚字鲁直，"直"字与湖北宜州的"宜"字同底，于是章惇就将黄庭坚贬到宜州。

　　这就是在告诉苏轼等人："你们的名字已经暗示你们的

命运了，不是我心狠，这都是命中注定的。你们要怨就怨你们的命不好吧，这事与我无关。"

绍圣四年（1097年）四月，苏轼再度被贬为琼州（今海南海口）别驾，昌化军安置，不得签书公事。别驾是官名，全称为别驾从事史，也称别驾从事。宋朝时与通判职守相同，因此也称通判为别驾。

就这样，苏轼被迫离开了惠州，和他关系较好的官吏也受了处分，如广州太守王古被撤了职，惠州太守詹范、提刑程之才也受到了处分。

在当时的情势下，惠州百姓不敢公开怀念苏轼，于是都把感激之情倾注在和苏轼患难与共的爱妾朝云身上。他们把白鹤居改名为"朝云堂"，并且在朝云墓地上盖了一座纪念亭，名叫"六如亭"。亭间的楹柱上刻着苏轼当年所写的一副挽联：

不合时宜，惟有朝云能识我；
独弹古调，每逢暮雨独思卿。

苏轼这回要去的儋州在海南岛上，正是名副其实的天之涯海之角。离开惠州时，因限期太紧，苏轼对白鹤峰新居的东西，未认真清理，遗失不少。（1962年，惠州重修白鹤峰东坡故居时，在墨池中得一块苏东坡砚石。）

从惠州到儋州，需要经过广州，然后再由广州上溯西江，走几百里到现在的广西梧州，然后南行到雷州半岛渡海到达儋州。苏轼的两个儿子陪他到广州，苏过则决定把妻儿家小留在惠州，自己陪父亲到海南岛去。

临行前，苏轼曾写信给朋友，他到达海南岛后，首先是做棺，其次是建墓，死后就葬在海南。为此，他还立下遗嘱，安排

了后事。一家人送别到江边，子孙恸哭，视为死别。

当时，苏辙被贬到雷州（今广东雷州），正是苏轼此去要经过的地方。五月十一日，苏轼在离梧州不远的藤州（今广西藤县）与苏辙相会。六月五日兄弟二人到达雷州。

雷州太守很崇拜苏家兄弟，送来一些酒肉，还热情招待他们。不幸的这位太守第二年就受连累被罢免官职了。雷州百姓对苏氏兄弟很是敬佩，苏家兄弟俩去世后，他们便把雷州寓所变成苏家兄弟的祠堂。

六月十一日，苏轼不得不离去，苏辙陪他去海边登船。临别前夕，兄弟俩和儿子们在船上过夜。苏轼痔疮复发，十分痛苦，苏辙劝他戒酒。他们相对吟诗，这次离别很悲哀，他们也许再也见不到面了。后来，苏轼写了诗安慰苏辙说：

> 九疑联绵属衡湘，苍梧独在天一方。
> 孤城吹角烟树里，落月未落江苍茫。
> 幽人拊枕坐叹息，我行忽至舜所藏。
> 江边父老能说子，白须红颊如君长。
> 莫嫌琼雷隔云海，圣恩尚许遥相望。
> 平生学道真实意，岂与穷达俱存亡。
> 天其以我为箕子，要使此意留要荒。
> 他年谁作舆地志，海南万里真吾乡。

绍圣四年（1097年）六月二日清晨，兄弟俩挥泪告别。七月二日，苏轼抵达儋州。刚到小岛时，苏轼非常气馁。因为那里气候潮湿，夏天闷热难耐，冬天又多浓雾，秋雨期间，什么东西都发霉。苏轼曾在床柱上见到一大堆死白蚁。

苏轼刚到儋州，儋州太守张中就来看望他。太守非常敬慕苏轼,也喜欢下棋,不久,张中与苏过就成了棋友。苏轼这个人很奇怪,诗词文章、书画饮酒都会,就是不会唱曲下棋,因而,他大多数时候只能在一旁边观战。

一开始,张中把苏轼安排在官舍住下。因为破旧不堪,每逢下雨,外面大雨倾盆,里边则小雨淅沥。张中不忍心老人住在这样的地方,于是派兵卒将旧馆舍整修了一番。他还介绍当地住民给苏轼认识,苏轼这个随和的老头便慢慢为当地人熟悉。

苏轼对张中说:"我流落到这里,给你们添麻烦啦。如果柴米都得到市上去买,而不靠种田、打柴得来,即使能吃饱,我也觉得没有味儿。请求张太守你给我一小块地吧!这样自食其力,我的心里也不惭愧。"

这期间,章惇也没闲着,他派人到各地查看流放诸臣的情况,并命令蔡京务必想法子为一些大臣"送终"。这一路查下去,许多大臣都被改迁到更恶劣的地区,有些老迈的大臣中途死去,照顾过流放大臣的地方官员都受到了处罚。

奉命来督查苏轼和苏辙的,是以凶残著称的董必、吕惠卿等人。当时,董必正准备过海来看苏轼的情况,查处张中为苏轼整修官舍的罪状。

一个叫彭子明的人劝阻了董必。彭子明是董必的随从,他对董必说:"算了,人人都有子孙……"这话的意思是说,山不转水转,说不准哪天苏轼兄弟又回朝了。退一万步说,日后苏轼或他朋友的子孙被重用了呢,我们的子孙不也得遭殃吗?得饶人处且饶人吧。

董必一听,顿时打了个激灵,他就想,对呀,这些年,这种事情自己见到的还少吗?于是,董必只让一个手下过海去,把苏轼从官舍里赶出去,就算交差了。

苏轼被赶出之后,一时无处安身,就暂时栖息在槟榔树下。海南岛雨多,苏轼和苏过常常蹲在雨伞底下过夜。他想写些文章记载,但没有纸张,于是摘些槟榔树叶子做纸,一张一张地写起来。

后来,苏轼和儿子商量,在儋州城南买地造屋,以避风雨。新居在槟榔树丛中,周围的百姓,尤其是几位穷秀才都纷纷赶去帮他盖屋。新居落成后,命名为"槟榔庵",屋后都是丛林,晚上苏轼躺在床上可以听猎鹿的声音。猎人们也常给他送来一些鹿肉,总之不少人在生活上帮助他。于是他在诗中写道:

  北船不到米如珠,醉饱萧条半月无。
  明日东家当祭灶,只鸡斗酒定膰吾。

意思是说:"我在这里的生活相当窘迫,虽然常常能醉饱,但每月的粮米往往亏空半月。不过没有关系,明天东家祭灶以后,他会把酒和祭品拿过来慰问我的。"

就像当年在黄州一样,苏轼喜欢四处漫步,和人交朋友,饮酒、聊天。有时他会到寺里找老和尚喝酒,开开玩笑。

有一回,苏轼从朋友那里出来,微微地醉了,回家的时候迷了路。抬头看,已经是落霞满天,身旁的竹篱茅舍,一家家都那么相似。苏轼转来转去,迷糊间,忽然想起自己的家在牛栏以西,那么就闻着牛屎气味往前走吧,这样总算找到了自己的家。

苏轼写信给朋友说,自己儋州"食无肉,病无药,居无室,出无友,冬无炭,夏无寒泉",并嗟叹"人非金石,其何能久"。可即便如此,苏轼还是苦中作乐。苏过用芋头煮羹,取一个美丽的名字"玉糁",苏轼连连称美。

苏轼无钱买墨,有一个叫潘衡的江南人来到儋州,他告诉苏轼,烧松枝可以制墨,苏轼便兴致勃勃试验,据说差点把屋子都烧掉了。之后,他居然真的做出了一些墨条,欣喜不已。

多少年以后,潘衡在江南以卖墨为生,他宣称自己是在儋州向苏轼学来的制作秘法。因此,潘衡墨的知名度迅速提高,非常畅销。

尽管生活如此贫困,苏轼还是尽力为当地百姓做些事。他看到当地居民非常迷信,患病时由术士看病,没有医生。治病的唯一办法是在庙中祷告,杀牛以祭神。结果,每年由大陆运进不少的耕牛,都做了祭神之鬼,对当地的农业生产影响非常大。

苏东坡不信这些方法能够治病救人,他相信医学的作用。他曾亲自编制医学药方,传给当地人,希望从根本上改变这种愚昧的风俗。

苏轼一向对僧人很厚道,但是他不喜欢儋州一带的和尚,因为他们有妻子,并且和别的女人有暧昧情事。他曾写文章《记处子再生事》讽刺此事,据说文章中的主角确有其人。

苏轼虽远居海岛,还是有许多朋友不远万里前去探望,也有后辈学人慕名而去,向他求学,如琼州人姜唐佐、潮州人吴子野,还有本地的一些后生。

苏轼的屋子很小,坐不下许多人,大家便齐心协力盖了一间载酒堂,作为讲学之所。在苏轼来儋州之前的100多年间,这里从没有出过进士。苏轼首开讲学之风以后,先是姜唐佐考取举人,不久又有人中了进士,这不能不说是苏轼的教化之德。所以,当地人认为,海南人文之盛,实在是苏轼开启的。

苏轼贬居儋州近3年时间,苏过一直陪伴在他身边。苏过是父亲各方面的良伴,他不但做一切杂事,而且担任苏轼的

秘书。在父亲的教导下，苏过很快成为诗人和画家，他的文学作品流传至今。

儋州地处偏远，书籍非常少，苏轼的手边只有陶渊明的诗集，他甚至舍不得一口气把诗集读完，每天只读一点儿，害怕翻到最后一页的虚空。

苏轼说自己对前代的诗人没什么特别爱好，唯爱陶诗，他说：

> 渊明作诗不多，然其诗质而实绮，癯而实腴。

他不仅喜好陶渊明的诗，而且佩服陶渊明的为人。陶渊明临终时说：

> 吾少而穷苦，每以家弊，东西游走。性刚才拙，与物多忤。

苏轼一生也是"性刚才拙，与物多忤"，所以他说：

> 吾真有此病，而不早自知，半生出仕，以犯世患，此所以深愧渊明，欲以晚节师范其万一也。

陶渊明传世作品不算多，苏轼就一首一首地去和，最后竟将陶渊明的诗歌全部和了一遍。苏轼从陶渊明的诗歌中得到了宁静和淡泊，陶渊明也因为这位异代知音的宣扬，确立了他在后世文人心目中的地位。

除此以外，在儿子协助下，苏轼还收集各种杂记，编成《志林集》。当年,苏轼兄弟分注五经,苏轼负责两种,谪居黄州期间,他已完成《易传》,如今在海南岛他又完成了《书传》。

贬居儋州期间,苏轼仍有大量诗词文问世。哲宗元符二年(1099年)立春时节,他曾作一首《减字木兰花·立春》词:

春牛春杖,无限春风来海上,便丐春工,染得桃红似肉红。

春幡春胜,一阵春风吹酒醒,不似天涯,卷起杨花似雪花。

苏轼为海南春色所感发,一气呵成写下这首词,自然真切,朴实感人。

北返常州,溘然长逝

元符三年(1100年)正月九日,哲宗驾崩,年仅24岁。哲宗的父亲神宗有14个儿子,哲宗只有一个小孩,为刘婕妤所生,幼年就夭亡了。哲宗死后,由弟弟赵佶继位,是为徽宗。

赵佶继位后,神宗皇后向太后一起听政。像前两位听政的太后一样,向太后也是个明白人,能认出人的好坏来。于是,哲宗皇帝在位时被贬谪的一些大臣,已死的叙用他们的子孙,没有死的逐渐内迁。

五月,苏轼被告知,被内迁到廉州(今广西合浦)任职。六月,过海抵达雷州。七月,在廉州接受诰命,迁舒州(今安徽潜

山)团练副使,永州(今湖南永州)居住。八月底,离开廉州。走到半路,又收到诏令,允许他随处定居。

如果一开始就获准自由定居,苏氏兄弟就可以在广州会合,一起北上。当时,苏辙被派到湖南洞庭湖边的一个地区任职。苏辙匆匆带家人北上,走到汉口附近,又收到诏令,允许他随处定居,于是他回颍昌(今河南许昌)去,那儿有一处田庄,其他的子女都住在该地。

苏轼收到移居湖南的命令,就随儿子由廉州北上,往梧州进发,叫其他的孩子来接他。到了那儿,发现子孙还没有来,而且贺江水浅,很难直接北上湖南,他决定绕路,先回广州,再穿过北面的水脊,由江西到湖南去。

这年十月,苏轼抵达广州,与家人团聚。次子苏迨也由北方赶来看父亲。十一月,苏轼一家到达了英州。当时英州太守何智甫听说苏轼来了,急忙派人前往登门拜访,请苏轼给刚刚建成的英州大石桥写诗以作纪念。

原来,英州有一条江贯流其中,江上原来有架木桥,风吹日晒,早已腐朽,最后被江水冲坏了。何智甫到任后,率领英州群众在江上建成了一座坚固的石桥。正赶上苏轼路过此地,何智甫当即派人请苏轼撰写诗文。

二人同乘一辆车子,察看新桥。街上百姓夹道欢呼,纷纷赞扬何智甫的功德。有的人甚至抱住何智甫驾车的马足,跪谢他的恩德。

当晚,苏轼回到住所,茶也不喝,饭也不吃,挥毫泼墨一口气写下了一首56句的四言长诗《何公桥铭》:

    天壤之间,水居其多。人之往来,如鹅在河。
    顺水而行,云驰鸟疾。维水之利,千里咫尺。

乱流而涉,过膝则止。维水之害,咫尺千里。
洄彼滥觞,蛙跳鯈游。溢而怀山,宰禹所忧。
岂无一木,支此大坏。舞于盘涡,冰坼雷解。
坐使此邦,画为两州。鸡犬相闻,胡越莫救。
允毅何公,甚勇于仁。始作石梁,其艰其勤。
将作复止,更此百难。公心如铁,非石则坚。
公以身先,民以悦使。老壮负石,如负其子。
疏为玉虹,隐为金堤。直栏横槛,百贾所栖。
我来与公,同载而出。欢呼填道,抱其马足。
我叹而言,视此滔滔。未见刚者,孰为此桥。
愿公千岁,与桥寿考。持节复来,以慰父老。
如朱仲卿,食于桐乡。我作铭诗,子孙不忘。

这首诗写得十分出色,其中"疏为玉虹,隐为金堤。直栏横槛,百贾所栖"四句,直写石桥,寥寥几笔,就把何公桥的形状及造型的精美、坚固,以及桥市的繁华景象娓娓道出。而"我来与公,同载而出。欢呼填道,抱其马足"四句,正是他与何智甫一路同行的实景素描,毫无夸饰之笔,却自成妙语佳句。这样生动的诗句,如果不是苏轼亲眼所见,凭想象是难以落笔的,因此实证精神也正是苏轼的可贵品德之一。

从英州出发,苏轼经由韶州(今广东韶关),于徽宗建中靖国元年(1101年)正月翻过大庾岭。

当时,他在一家小店稍作休息,里面走出一位老翁,问随行的吏卒说:"这位官人是谁?"

吏卒说:"是苏尚书。"老人听了,非常惊讶地说:"是苏子瞻苏尚书吗?"吏卒说:"正是。"

老人连忙走上前,向苏轼拱手作揖,他激动得泪流满面:

"我听别人说,朝廷上有一帮奸臣,他们想尽法子要把你害死在岭南。我在这里天天为你祷告,求老天爷保佑你。后来,我又听说,你已经死在岭南了。你不知道我心里多难受啊,我整整地哭了三天三夜。没有想到,你今天竟然活着回来了。这可真是上天有眼哪!"

苏轼笑着说:"老人家,谢谢你。我是已经死过好多次的人了。小小的大庾岭,怎么奈何得了我呢?"

老人听苏轼说得有趣,马上破涕而笑了。有感于岭上老人的一片深情,苏轼便写了一首诗赠给他,题为《赠岭上老人》:

鹤骨霜髯心已灰,青松合抱手亲栽。
问翁大庾岭头住,曾见南迁几个回!

穿过大庾岭后,苏轼一行在山北的赣县停留了70天,等船来载一大家人。但是好几个小孩生病,有6个仆人得瘟疫死去了,这让苏轼非常茫然。

苏轼一直在考虑一个问题,将哪里作为自己的终老之乡呢?一开始,他想回四川老家去。那里是生养他的地方,山美、水美,有他青少年时代的美好回忆。况且,那里有苏家的祖坟和亡妻的坟墓。但转念一想,路途遥远,加上自己年迈体弱,盘费不足,怕是难以如愿。

后来,他又想到杭州定居。杭州山清水秀,气候温和,他曾两次任职杭州,与杭州已经结下了不解之缘。他又想,要么住在惠州、舒州也行,或者住在真州也行。

不久,弟弟苏辙来信,诚恳邀请他到颍昌同住。弟弟相邀,这还有什么可说的呢? 生在一起,死葬一处,可以说是没有什么憾事了。于是,他决计乘船北上到陈留,然后再取道陆路到颍昌去。

这年四月,苏轼过豫章(今江西南昌),入庐山,五月到了南京。他曾写信给好友钱世雄,要他在常州代寻一间房舍。但他想和弟弟同住,只是家中人口众多,苏辙的居处有限,他怕太过打扰,最后苏轼决定与弟弟为邻。他在南京渡江,叫苏迈和苏迨到常州清理家务,然后到仪征会合,再去颍昌与弟弟同住。

但当他走到真州时,忽然改变了主意,决定居常州了。因为有人劝他说,颍昌离汴京太近,以他的名望和个性,难免又惹出什么政治风波。

经过再三考虑,苏轼决定回常州自己的田庄居住。那里的田地收入足够一家人的用度。另外,朝廷给的俸禄,还可以用作一些补助。唯一不如意的,就是房舍不够理想,不过再想法买一栋就是了。

主意已定,苏轼一家便乘船到常州去。路过靖江的时候,他去祭了祭自己的堂妹,痛哭了一场。当时正是四五月天气,热得让人受不了。一来年老体弱,二来沿途受累太大,三来哭伤了身体,苏轼终于抵不住中了暑。他头上只戴一顶小帽,披露着半臂坐船上。

当苏轼的船到达京口的时候,运河两岸的人们听说是苏轼从海南归来路过,都争先恐后地相随着船观看,向他挥手致意。苏轼对船上的一位客人开玩笑说:"这么多人都来看我,这不等于要用眼睛杀了我吗?"

在京口休养的几天,苏轼收到了章援的来信。章援是章惇的儿子,章惇被贬到雷州,章援前往探望,经过京口,听说苏轼有可能还朝,担心苏轼将来会对章家不利。章援很想去看望苏轼，但几番思虑，还是不敢，所以写了一封试探性的信。

在元祐年间（1086—1094年），苏轼主持科举考试，章援被录取为第一名，按惯例，章援就是苏轼的门生，要执弟子礼。当年苏轼录取章援的时候，因为他和章惇是多年的朋友，还曾惹来徇私的猜疑。可是，章惇复出之后，章援就和老师断了往来，这封信写起来确实够他为难的。

苏轼完全没有章援担心的复杂念头，他赞赏章援的信文辞漂亮，很快就回了封措辞恳切的信。苏轼对章惇的遭遇表示同情，仍然当他是有40多年交情的老朋友。

回到常州，苏轼就卧床不起。苏轼还算略懂医术，知道自己的病是热毒，病根还不浅。七月十二日，苏轼的病情稍为转轻。他对家人说："今天我很想动动笔砚，人活动活动会好一些，老这么躺着，恐怕就起不来了。"

家人拿来了纸笔，于是他提笔写下了《惠州江月》等五首诗。第二天，他又写了《桂酒》的跋。

其间，苏轼的病情曾一度有些好转的迹象，他向朝廷上表，请求退休，想与当时的政治生活一刀两断，朝廷就勉强答应了。

苏轼的表弟程德儒在金山居住，听说苏轼病重后，急急忙忙赶到常州来看望他。看到东坡病体垂危，程德儒痛哭失声。他带来了东坡年轻时的一幅画像，在床头轻轻展开。

看着自己当年的画像，气宇轩昂，眉宇间透着一股英气，苏轼长叹了一声。他颤抖着手，拿起笔，在自己的画像下面题了一首诗：

心似已灰之木，身如不系之舟。
问汝平生功业，黄州惠州儋州。

这 24 个字,写尽了苏轼颠沛流离的一生,表现了一个品行高洁诗人晚年的悲怆。

几天后,苏轼的病情忽然加重。一天夜里,他做了一个梦,梦见自己写了一首诗给朱行中。梦醒以后,他支撑着把这首诗写了下来,题为《梦中作寄朱行中》:

> 舜不作六器,谁知贵屿璠?
> 哀哉楚狂士,抱璞号空山。
> 相如起睨柱,头璧相与还。
> 何如郑子产,有礼国自闲。
> 虽微韩宣子,鄙夫亦辞环。
> 至今不贪宝,凛然照尘寰。

没想到,这首诗成了苏轼的绝笔。朱行中是苏轼的朋友朱服,字行中,曾任中书舍人,因为与苏轼要好受到牵连,后被贬谪莱州、庐州、广州、海州、蕲州,因而与苏轼的命运极其相似,难怪苏轼在弥留前会想起他。

苏轼这首诗语意双关,正是借人写己,其中结句"凛然照尘寰",则是他对自己一生的总结和充满自信的预言。他坚信自己的品质洁白如玉,虽遭一时的蒙蔽,但终将如美玉的毫光凛然辉耀尘寰。

除了家人,钱世雄几乎每隔一天就来看望他。苏轼和钱世雄的友情很深,他贬居南方的时候,钱世雄不断写信带药给他。待病情稍微好一点儿时,苏轼就叫苏过邀请钱世雄前来聊天。苏轼对钱世雄说:"我很高兴从南方回来了。最难过的是归途没有看到子由。自从雷州一别,我就再没能见到他。"聊到最后,苏轼对钱世雄说:"我在海南完成了《论语说》《书传》《易传》,想托你保管,你千万收好,莫给别人看。30年后,这几本书一定大受欢迎。"说罢,苏轼勉强起来,要开书箱,但找不到钥匙。钱世雄安慰他说:"你会康复的,不忙于交代这些。"两个人都眼含热泪,半晌没说话。

到七月下旬,苏轼病情极度恶化,发高烧,牙床出血,全身软弱无力。他预感到自己归天的日子快要到来,对三个儿子说:"我一生没有做过坏事,你们放心,我不会下地狱的。"他讲这些话,是让儿子们不要为他死后担忧。他还指名让弟弟子由为自己写墓志铭,要求和妻子合葬在嵩阳峨眉山。

七月二十八日,苏轼病逝于常州的孙家宅内,享年65岁。苏轼逝世的消息传出后,京口驿馆附近,简直哭声一片。江浙一带的不少百姓都跑到街头失声痛哭。许多读书人在家里设灵牌祭奠他。京师的几百名太学生不顾朝廷问罪的危险,自发聚集到佛寺祭奠他。

苏辙怀着悲痛的心情,写下《东坡先生墓志铭》,详述苏轼一生的行状。第二年,他根据哥哥的临终遗嘱,将哥哥埋葬于汝州郏城县钓台乡上端里的嵩阳峨眉山,并将继室王闰之的灵柩由汴京道院迁葬到这里。

苏轼死后,很多士大夫为他写了祭文,以示哀悼。李方叔的一段祭文很有代表性:

道大不容,才高为累。皇天后土,鉴平生忠义之心;名山大川,还千古英灵之气。识与不识,谁不尽伤;闻所未闻,吾将安放?

徽宗崇宁元年(1102年),蔡京做了宰相,他命人刻下"元祐党人碑"立在端礼门前,文彦博、苏轼兄弟、苏门四学士等人的名字赫然在列。蔡京严厉禁止天下人出版、收藏、传阅这些"奸党"的文章。可就在这么恐怖的气氛下,苏轼的文字仍然在喜爱他的人们手中悄悄流传,甚至传播到了海外。

4年后,一个暴风雨的夜晚,雷电击毁了元祐党人碑,迷信的皇帝害怕了,这才废除了禁令。

苏轼和弟弟苏辙,从小就以父亲苏洵为老师,向父亲学习写文章,以后应该说是得之于自然了。他曾经说:"写文章就好比行云流水,开始的时候没有规定的目标,常常是当自己感到有话要说的时候,就应当不停顿地写下去,到了无话可说的时候,就应当立即停止。"

苏轼的文章格局高远,雄浑浩瀚,光芒四射,雄视百代,这在我国古今文坛是非常少见的。

苏洵晚年读《易经》,作《易传》未完成,就命令苏轼完成他的遗愿。苏轼写成了《易传》,又订正了《论语说》。后来移居海南,完成了《书传》,又有《东坡集》40卷、《后集》20卷、《奏议》15卷、《内制》10卷、《外制》3卷、《和陶诗》4卷传世。

后来名闻一时的文人如黄庭坚、晁补之、秦观、张耒、陈师道,当他们还没有被社会上的人们所了解的时候,苏轼对待他们就犹如朋辈,从来没有以师辈自居。

苏轼从成为举人到作为出入皇宫的侍从,一直把爱护君王作为臣的根本,忠言规劝,正直敢言,挺挺大节,朝中群臣没有一个能出其上。但是被小人妒忌、中伤、排挤,使他不能安于朝廷之上。

高宗即位后,追赠苏轼为资政殿学士,把他的孙子苏符封为礼部尚书,又把他的文章置放在御案左右,读着这些文章就整天忘记了疲倦,赞美他是文章的宗师,亲自写了集赞,赠给他的曾孙苏峤。又推崇追赠苏轼为太师,谥为"文忠"。

苏轼有三个儿子，即苏迈、苏迨、苏过，他们都善于写文章。苏迈做过驾部员外郎，苏迨做过承务郎。苏过，字叔党，苏轼做杭州太守的时候，他只有19岁。那年，他从两浙路发解参与诗赋考试，但经礼部考试却没被录取。等到苏轼做兵部尚书，苏过受荫封担任右承务郎。

苏轼统兵定州，被贬谪英州、惠州、儋州、廉州、永州的这段漫长时间中，只有苏过独自一人侍奉苏轼。凡是白天夜晚、冬天夏天生活中所需要的一切，苏过都一身百为，从不感到为难。初到海南时，他写了一篇文章叫《志隐》，苏轼看了以后说："我可以在这个海岛的夷人中安定下来了。"

苏轼去世后，苏过与叔叔苏辙在颍昌住了下来，他们在湖的南面种了几亩竹子，将居所取名为小斜川，苏过自号斜川居士。后来，苏过担任过太原府税监，做颍昌府郾城县令时被令罢了官，晚年临时担任中山府通判，逝世在赴任途中，享年52岁。

苏过著有《斜川集》20卷，他的《思子台赋》《飓风赋》很早就在民间流传。当时，人们称苏过为"小东坡"，因为时人把苏轼称为"大东坡"。

苏过的叔父苏辙经常称赞苏过能尽孝道，把他作为榜样去教导宗族中的子弟。苏辙说："我哥哥远住在海上，就培养了这个孩子，他是能写文章的。"